与塞涅卡共进早餐

斯多葛哲学的人生艺术

［美］大卫·菲德勒（David Fideler） 著
谭新木 王蕾 译

Breakfast with Seneca:
A Stoic Guide to the Art of Living

上海社会科学院出版社

西班牙科尔多瓦城墙外的塞涅卡雕塑

献给我的儿子本杰明——

愿你智慧渐长

我为后代工作,

写下一些可能对他们

有益的想法。

——塞涅卡,《书信》8.2

扫码领取配套音频

每日睡前一个斯多葛练习,坚持17天

自 序

在人生的中途,遇见塞涅卡

那次危机立马改变了我与塞涅卡的关系,也改变了我与他作品的关系。

当时我正在办公室,收到了一位密友的电子邮件。我满怀好奇点开邮件,以为会看到令人愉悦的消息,但邮件内容让我触目惊心。朋友的邮件是这样写的:"我刚喝了半瓶镇静剂。对我给你生活带来的痛苦感到很抱歉。"

就这么简短的两句。

我感到难以置信,一股寒流袭击全身。我又把邮件看了一遍,以确定我没有看错。

怀着难以言表的悲伤,我没有片刻迟疑,立即开车赶到她的住处,把她送到急诊室。她在医院住了几天,然后被转到了一家精神病院。一到精神病医院，她就恳求我帮她出院。这只是她遭受的折磨的开始，而基本上她身边只有我一个人在照看她。

当然，这对我来说也是一场严峻的考验。我们曾经相爱过。这次危机真的让我感觉面前就是无底深渊。她的生命可能就此结束。幸运的是她逃离了死神。但是对我来说，我时时感到充满激烈的情绪和绝望之情。感觉就像我自己的生命也行将终结：不是身体意义上的终结，而是情感意义上的终结。

幸运的是，一个好朋友每周来看我一次。我还去找治疗师咨询过几次。但最有用的是，我开始每天阅读鲁齐乌斯·安奈乌斯·塞涅卡（Lucius Annaeus Seneca，约公元前4年—公元65年）的著作和信件，把它当成恢复精神和情感平衡的方式。在此之前我就对塞涅卡的作品饶有兴趣，而危机发生后我将他的话当成了良药。

或许并非偶然，塞涅卡一些最著名的作品就是安慰他人的长文。这些内容都是写给特定的朋友，告诉他们该如何战胜经历的苦难与悲伤。不管怎么说，这些话奏效了。随着时间的推移，塞涅卡睿智而镇定的声音帮助我重新获得了作为一个正常人的感觉。阅读他的作品也让我接触到了一位深刻的思想家,他对人类生活所持的洞见,比我们今天社会鼓励人们持有的看法要深刻得多,也更令人感到满意。我发现了一位智慧的导师和同伴,他对于人类状况、人类心理学,以及如何过上幸福、繁荣的生活所提供的可靠和实用的建议,就像一条源源不断的溪流,缓缓流进心田。

我在塞涅卡的作品中也发现,过去两千年来,人类本性没有发生任何重大改变,从而使得他当时所说的一切同样适用于现在。虚荣、贪婪、野心、追求奢侈、消费失控——这些充斥于罗马腐朽的精英阶层生活中的现象,塞涅卡在著作中做了详尽的描述——今天依旧普遍存在于我们的生活中。

塞涅卡在著作中阐述了如何来对抗人类行为中的这些消极方面。他教人们如何克服担忧和焦虑;如何在任何条件下都过上好的生活;如何心怀理想、追求卓越;如何为社会做贡献;以及如何克服我们人生旅途中可能(和必然)会遇到的悲伤和各种障碍。

塞涅卡的作品第一次读完之后,我不断地返回重读。总有一些东西需要提醒,总有一些东西需要更深刻的理解。塞涅卡的作品还有另一个特点:他掌握了从古至今最好的写作风格之一,用精辟的警句来概括他的思想。例如:"我们缺乏信心并不是困难造成的;而是这些困难来自缺乏信心。"拉尔夫·瓦尔多·爱默生也喜欢读塞涅卡,甚至在写作中模仿他的风格。

❦

我第一次读塞涅卡是在早上醒来喝咖啡的时候。

后来,我在十多年前迁居国外,和妻儿搬到了南欧美丽的城市萨拉热窝。当然,我在这次刺激的海外旅程中带上了塞涅卡。安定下来后,我养成了一个新习惯:在早上的工作结束后,我会漫步下山,在午餐时到当地一家博物馆的古罗马碑文旁阅读塞涅卡的作品。

现在,只要有可能,我会在那种完美的早晨出去和塞涅卡共进早餐——这就是本书书名的由来。我把儿子送到学校,然后去健身房锻炼,之后我会来到中央酒店——一座建于奥匈帝国时期的宏伟建筑——要一杯加牛奶的咖啡,找桌子坐下来。我拿出一个电子阅读器,里面有塞涅卡全部的信件和其他作品。再点上一个煎蛋卷。这是我早上最喜欢的仪式。没人知道我在读什么,自然更不知道我绝大多数时候都在读同一个作者的作品。通常我在动身回家之前会读完一两封信。

塞涅卡强调了哲学和友谊应该如何结合在一起。他写道："真正的哲学做出的第一个承诺是带来友谊、同情和与他人休戚相关的感觉。"因为塞涅卡的主要作品是信件，以及为特定的罗马朋友而写的一种亲密谈话式文章，所以他的作品中到处渗透出友谊的精神。

塞涅卡认为，真正的哲学是一项共同的事业——不是我们个人独立完成的事情，而是与他人一起经历的旅程。这就是他当初写这些信的原因。但这个理念至少可以追溯到苏格拉底，他就认为哲学和对话是一段共同的旅程，是朋友之间的合作。

当然，我不会讨论哲学在当代学术界已经演变成什么样子，它已经是一种完全不同的东西了。但在古代，哲学与友谊紧密相连（见第一章"失落的友谊艺术"）。如果今天有可能恢复这种联结，将会是一个令人愉快的进展。

现代的读者也很容易感受到与塞涅卡的友谊，因为他在信件中分享了个人生活的细节。这些信件写于他生命的最后两到三年里，虽然这些信主要探讨实用的哲学及什么是美好生活，但他在给朋友卢西利乌斯的信中透露了许多个人情况，如：人老了是什么感觉，关于他的旅行和其他烦恼的详情，他如何在一次哮喘发作时几乎丧命，以及罗马社会里人们的疯狂行为。（塞涅卡一直生活在罗马最富有和最有权势的人中间，是尼禄皇帝的首席顾问，所以他看到了各种恶劣行径，包括政治暗杀。）

虽然今天人们对斯多葛主义兴趣浓厚，但目前还没有人写过一本书来向普通读者解释塞涅卡的思想，尽管他被称为"斯多葛派作家中说服力最强、文字最优雅的人"。

我希望本书能填补这一空白，为读者提供一个全景图片，使读者得窥塞涅卡思想的全貌。（塞涅卡的思想是前后一致的，但他对各种具体话题的思想分散在几百页作品中。）

这本书可能会满足一些读者对塞涅卡哲学的全部好奇心。但对于那些希望继续深入阅读塞涅卡作品原著，或者自己与塞涅卡共进早餐的读者，愿这个指南能成为一个有用的伙伴。

大卫·菲德勒
David Fideler

目录
contents

自序　在人生的中途，遇见塞涅卡　　i

引言　/　真正值得一过的人生　　001

第一章　/　失落的友谊艺术　　021

第二章　/　珍视你的时间：不要推迟生命　　043

第三章　/　如何克服担忧和焦虑　　061

第四章　/　愤怒的问题　　079

第五章　/　无论你走到哪里，你都在那里：你无法逃避自己　　103

第六章　/　如何战胜逆境　　115

第七章　/　为什么你应该永不抱怨　　135

第八章 / 与际遇的战争:
　　　　　如何在贫困和极端财富中生存　151

第九章 / 乌合之众和联结人类的纽带　169

第十章 / 如何保持真实并为社会做贡献　193

第十一章 / 无视死亡,全心生活　213

第十二章 / 给悲痛留一席之地　237

第十三章 / 爱与感恩　251

第十四章 / 自由、宁静与永恒的喜悦　271

附录

　斯多葛哲学练习清单　281

　原文注释　286

　参考书目　296

致谢　305

引言

真正值得
一过的人生

塞涅卡（约公元前 4 年—公元 65 年）是他那个时代最伟大和最博学的作家之一。他曾在时运不济的罗马皇帝尼禄的政权中担任顾问，也成了世界上最富有的人之一，不过这个顾问他当得并不开心。但今天人们对塞涅卡感兴趣却出于别的原因：他在作品中阐释了斯多葛派的哲学。这个哲学流派近年来经历了一次势头汹涌的复兴，风靡一时。

虽然斯多葛学派起始于塞涅卡出生前大约 300 年的雅典，但希腊斯多葛学派的著作大多丢失了，只留下一些简短的引语或片段。这使得塞涅卡成为哲学著作几乎完整地流传到今天的第一个主要斯多葛派作家。他是他那个时代消息最灵通、头脑最好奇的人之一，并在他的作品中表现出了一种大胆的智力自由和开放思想。正是这种品质使他看起来很有现代气息。

我在本书中对塞涅卡的作品做了最新翻译，并尽量以最清楚的语言解释他的关键思想和睿智教义。本书也是对斯多葛派哲学的一般性介绍，因为如果不了解作为塞涅卡思想基础的斯多葛派哲学，就不可能完全理解塞涅卡的思想。为了进一步解释和强调塞涅卡所持的思想,我还引用了后来的两位罗马斯多葛派哲学家艾比克泰德(公元50年—公元135年)和马可·奥勒留(公元121年—公元180年)。

作为"生活艺术"的哲学:
斯多葛主义及其持久的吸引力

> 心灵宁愿自娱自乐,也不愿治愈自己,使得可以治愈心灵的哲学变成了一种消遣。
>
> ——塞涅卡,《书信》117.33

在我们开始探索斯多葛主义之前,我们必须澄清一个流行的误解。斯多葛主义与"不动声色"或"压制你的情感"没有一丝瓜葛,每个人都知道那样做不利于健康。塞涅卡是斯多葛派哲学家,但我们必须认识到,几个世纪以来斯多葛(stoic)这个词的意义已经发生了根本性的变化:今天,以小写字母开头的stoic与古代以大写字母开头的Stoicism(斯多葛主义)没有关系。现代的"斯多葛"这个词意思是"压制你的情绪",但古代的斯多葛主义者从未提过任何类似的建议。和其他人一样,斯多葛派哲学家对于正常的、健康的情感，如爱和关怀，没有任何抵触。正如哲学家艾比克泰德所写的，斯多葛派不应该"像泥塑木雕一样没有感觉"。相反，斯多葛学派发展了一种"激情治疗法"，借以预防类似愤怒、恐惧和焦虑等会压制人格的极端、暴烈和消极的情绪。他们的目标是通过理解来改变这些情绪。

一些重要的斯多葛学派的思想，可以追溯到希腊哲学家苏格拉底（公元前469年—公元前399年）身上。他说过的一句名言是："未经审视的人生不值得一过。"换句话说，就是要"认识你自己"：自我认识对幸福生活至关重要。苏格拉底还主张，体操旨在保持我们的身体健康，那么同样必须有某种"艺术"用来保持我们灵魂的健康。虽然苏格拉底从来没有给这种"艺术"取名，但其言外之意很清楚，那就是，哲学和哲学家的角色是"关心灵魂"。

这两个理念——自我认识对于获得幸福和美好人生至关重要，和哲学是治愈心灵的良方——是斯多葛主义不可或缺的基石。作为一个学派，斯多葛主义大约在公元前300年左右起源于雅典，当时季蒂昂的哲学家芝诺（公元前336年—公元前264年）在集会广场的画廊（希腊语Stoa Poikile）演讲，这个学派由此得名。

就像同时代的其他哲学家一样，斯多葛学派极为关注的问题是"过上最好的生活需要什么?"。他们相信,如果人类能够回答这个问题,我们就可以兴旺发达,过上幸福平静的生活——哪怕这个世界看起来很疯狂而且失去了控制。这使得斯多葛主义成为一门极为实用的哲学,也解释了它为什么会在今天得到复兴,因为我们现在的时代——社会上、政治上、经济上和环境上——同样让人们感受到了疯狂和失控。

斯多葛学派教导人们,哪怕这个世界看起来已经失控,我们仍然可以过上有意义的、充满建设性的幸福生活。而且,即使处在恶劣的环境下,我们的生活仍然能够保持宁静,主要是精神的平和。正是因为特别强调实现美好、有意义和平静的生活这一目标,罗马的斯多葛主义作为一个哲学流派,在塞涅卡、艾比克泰德和马可·奥勒留的时代大受欢迎。这也是斯多葛学派在今天受欢迎的原因。人们在这个时代面临的压力一点不亚于从前。

这种对于美好生活的强调也使斯多葛学派有别于现代的学术哲学。后者已经抛弃了对这类实际问题的关注,转而偏爱抽象的理论问题,绝大多数这类问题对哲学家象牙塔以外的人们来说毫无意义。但是正如古代哲学家伊壁鸠鲁(公元前341年—公元前270年)所强调的:

如果不能使人们的痛苦得到治愈,哲学家的主张就是空洞的。一种医术如果不能驱除躯体的毛病,这种医术就毫无用处。同样道理,除非哲学能够驱除心灵的痛苦,否则哲学就毫无用处。

与此类似,斯多葛学派也将哲学视为一种治愈"灵魂疾病"的方法。他们认为,哲学类似于一种"医学艺术",甚至把哲学家称为"灵魂的医生"。斯多葛学派还将哲学称为"生活的艺术",塞涅卡将自己的教导比喻成"医疗处方"。他发现这些"处方"有助于治疗自己的问题,因此他愿意将其分享给他人以及后代的人。

罗马斯多葛主义的 8 个核心理念

正如你可能预计到的那样,斯多葛派哲学家们在许多话题上持有不同的观点,但是有几个关键观点是所有罗马斯多葛派哲学家都赞成的。正是这些观点使得他们成为斯多葛学派,而不是其他哲学流派的成员。这些斯多葛主义的基本思想,在塞涅卡的作品中也体现了出来,其中大多数都可以追溯到希腊斯多葛主义。

我们将在后面的章节中更深入地探讨这些思想。但是,这8个斯多葛主义的主要思想值得在这里提出来,让读者快速了解后面章节的内容。(不过,如果你更愿意以后再来考虑这些观点,请随意跳过本节,进入本引言的下一节。)

1

"与自然和谐共处"以发现幸福。

跟他们之前和之后的许多思想家一样,斯多葛主义者相信,自然中存在理性。我们可以在自然的规律、演化进程和自然法则中看到理性的证据,它使自然能够得以形成并以一种出色的方式运转。因为人类是自然的一部分,所以我们也能够做到保持理性和卓越。按照斯多葛主义的创始者芝诺的说法,如果我们"与大自然和谐共处",我们的生命将"顺畅地流淌"。(当然,很难想象你不断与大自然抗争,却还能够过上幸福的生活。)虽然对于斯多葛主义来说。与自然和谐共处有多重意思,但最重要的中心意思之一是,我们作为人类,应该努力培养我们自己的人类理性和卓越品质。

2

美德，即内在品质的卓越，是唯一真正的好东西。

虽然可以从多重维度来看待这个问题，但我这里只提其中的一个：如果你缺乏这种内在的好东西，你将无法很好地使用其他任何东西，来为你自己或者他人造福。例如，斯多葛主义认为钱本身不是好东西，因为有时候它会得到很好的支配，有时候得到糟糕的支配。如果你具备智慧和节制这些美德，你就有可能用好的方式恰当地支配金钱。如果一个人缺乏智慧和节制，在一个周末的时间里，在毒品和其他恶行上挥霍了几千美元，就很少有人会认为那是好的或健康的——也不能说明钱得到了好的用途。塞涅卡写到，"美德本身"，即内在品质的卓越，"是唯一真正的好东西。因为没有它，就没有什么是好的"。

一种美德比如正义或公平之所以是好东西，是因为它总是好的，不会自相矛盾。相反，其他东西可以应用得好，也可以应用得坏。它们不是内在的或持续的好。

3
....

一些事情"取决于我们"或者完全由我们控制，而另外的事情则不然。

对于斯多葛学派来说，我们唯一能完全控制的东西是我们做出判断、形成看法、做出决策的内在能力，我们的意志，以及我们解释所经历事情的方式。

为了减少情感痛苦，一个人需要关注他或她所能控制的东西，同时仍然努力为他人创造更好的生活和更好的世界。（我们将在第六章"如何战胜逆境"和第八章"与际遇的战争：如何在贫困和极端财富中生存"探讨这个问题）

4
....

虽然我们不能控制外部世界发生在我们身上的事情，但我们可以控制我们的内在判断以及我们如何对生活中的事件做出反应。

这对斯多葛学派来说非常重要，因为极端的、消极的情绪起源于错误的判断或看法。但如果我们通过用不同的方式看待事情来理解和纠正错误的解释，我们可以消除负面情绪。（见第三章"如何克服担忧和焦虑"和第四章"愤怒的问题"）

5

当消极的事情发生时，或者当我们遭受逆境打击时，我们不应该感到惊讶，而应把它视为创造更好环境的机会。

在斯多葛学派看来，我们遇到的每一个挑战或逆境都是考验和发展我们内在品质的机会。而且，认为不幸永远不会降临在我们身上会让我们脱离现实。相反，我们应该主动预计人生道路上偶尔的颠簸，有时是重大的颠簸。（见第六章"如何战胜逆境"）

6

美德或说拥有卓越的品质，是对它自身的奖赏。但它也会带来"幸福感"。这是一种精神安宁和内在的喜悦。

Eudaimonia 一词有各种翻译，如"幸福""人类繁荣"

"顺遂""拥有最好的心态"。但对斯多葛学派来说,最准确的翻译可能是"拥有一种真正值得一过的人生"。(参见第十四章"自由、宁静与永恒的喜悦")

在他们一个著名的"悖论"或悖论式谚语中,斯多葛学派说,一个完美睿智的人,一个斯多葛派圣人,即使在刑架上被折磨,也会拥有 Eudaimonia!虽然我们不可能用现代意义上的"幸福"来形容一个被折磨的人,但我们可以想象他拥有真正值得一过的生命,如果他因反抗邪恶的暴君而受到折磨的话就更是如此。[1] 同样,许多英雄为了追求造福社会这个更大的利益而放弃了他们的生命。换句话说,过最好的生活即真正值得一过的生活,可能会承受一些痛苦。

7

真正的哲学意味着"进步"。

哲学包含了批判性思维、智力分析和科学理解世界的努力。但从根本上来说,斯多葛学派认为哲学最重要的维度是伦理学,它有非常实用的意义。罗马斯多葛学派认为,真正的哲学是一个人为获得美德或更好品质而不断进步的道路。(见第一章"失落的友谊艺术")

8

个人为社会做贡献至关重要。

斯多葛学派是古代世界中最亲社会的哲学家。他们教导说，人类就像一个统一的有机体，而作为这个有机体的一部分，我们应该为整个社会的更大利益做出贡献。（见第十章"如何保持真实并为社会做贡献"。）值得注意的是，斯多葛学派不仅仅对改善自己的生活感兴趣，他们感兴趣的是改善整个人类社会的生活。[2]

塞涅卡的生平与逆境的改造

本书主要是介绍塞涅卡的思想，而不是他的生平。当然，两者之间有一些关系，所以一些细节是必要的。（对于那些想了解更多关于塞涅卡生平的人，我推荐艾米丽·威尔逊为其撰写的优秀传记。[3]）

塞涅卡大约在公元前 4 年出生在一个富裕的罗马骑士家庭，出生地是现在的西班牙科尔多巴市。他的父亲老塞涅卡（公元前 54 年—公元 39 年）是一名教师，教授修辞和演讲。

就像今天一样，成为一名优秀的沟通者是在罗马帝国职业成功的重要技能，而塞涅卡的家人非常擅长这一点。

人们对塞涅卡小时候的生活知之甚少，但他的父亲在他5岁或5岁多一点时就把他带到了罗马。青少年时，他在罗马师从不同的教师，包括几名哲学家。

不幸的是，塞涅卡从小就患有某种慢性肺病，很可能是哮喘与肺结核的结合，住在罗马的时候病情可能加重了。他25岁左右的时候，他的姑妈带他去了埃及的亚历山大港，试图治好他的病。结果他出乎意料地在埃及待了十年，直到35岁左右才回到罗马。塞涅卡是幸运的，他的姑姑有政治关系，由于她的影响，塞涅卡加入了罗马元老院，当时罗马在卡利古拉的统治下。

在此之前的一个世纪，罗马一直是一个共和国。但是随着共和国的解体，新成立的罗马帝国的皇帝出于各种意图和目的，都拥有绝对的权力，自然导致了权力滥用的可怕后果。塞涅卡生活在卡利古拉（公元12年—公元41年）、克劳迪乌斯（公元前10年—公元54年）和尼禄（公元37年—公元68年）先后统治时期。那个时期的腐败令人无法想象，充满了谋杀、性不忠（包括乱伦），无辜的人被逐出罗马，酷刑和其他可怕的行径比比皆是，其中许多暴行只是出于心血来潮。

这就像一部电视肥皂剧以最糟糕的方式搞砸，但产生了致命的、现实的后果。

塞涅卡在卡利古拉时期当上参议员，开始积累大量的个人财富，而且终其一生都在这样做。但这些金钱回报却让他喜忧参半，因为随着塞涅卡在罗马的社会地位和权力上升到顶峰，他的生活变得越来越危险。

在尼禄皇帝的统治时期，塞涅卡达到了他职业生涯的巅峰，他似乎在禁卫军首领伯鲁斯的帮助下实际统治着罗马帝国。尼禄当上皇帝时还是个毛头小伙，只有 16 岁，缺乏独自管理世界上最大帝国的经验。在他统治的头五年里，塞涅卡指导他，他们两人和罗马帝国的一切都很顺利。塞涅卡还被选为执政官，这是人们在罗马所能担任的最高政治职位。只是在这个平静的五年过去之后，尼禄掌管了全部权力，并以凶残的方式行事。

当塞涅卡年老开始写《书信》的时候，他知道自己的生命受到了尼禄的威胁。尼禄有一个坏习惯，就是将他不再喜欢的人杀死。塞涅卡知道自己的生命处于危险之中，曾两次试图离开尼禄，但都没成功。

塞涅卡的麻烦最初始于卡利古拉时期。他 43 岁的时候，卡利古拉出于嫉妒想把他处死，仅仅因为塞涅卡在元老院做过一次精彩演讲，让卡利古拉觉得自己的光辉被掩盖了。幸运的是，卡利古拉的一个情妇劝他不要杀死塞涅卡，因为塞涅卡当时病了，她认为他无论如何很快就会死。

后来，塞涅卡45岁的时候，皇帝克劳迪乌斯用莫须有的罪名把他流放到科西嘉岛8年，并夺走了他一半的财产以免其不死，流放期间他被迫与妻子完全隔离。流放之前几周，塞涅卡唯一的儿子夭折，当时还只是婴儿。

在科西嘉岛的8年间，塞涅卡完成了大量的写作（因为他在那里没有其他事情可以做）。后来他最终被召回罗马，但条件是做年轻的尼禄的导师，当时尼禄只有11岁。

尽管塞涅卡努力帮助尼禄培养良好品质，但这个事情完全失败了。尼禄对哲学或伦理学不感兴趣。他只对自我满足和权力感兴趣，不惜以牺牲他人为代价，这把他变成了一个可怕的暴君。最后，尼禄杀掉了身边许多人，包括他自己的母亲、兄弟和妻子（因为与他的情妇比起来，他觉得妻子很无趣）。最终，在一次试图推翻尼禄的密谋失败后，尼禄逼死了69岁的塞涅卡。

塞涅卡遭遇的这些严重障碍，在今天会在心理上摧毁许多人，但塞涅卡的斯多葛哲学帮助他承受这些艰难困苦，并把逆境改造成了积极的事情。即使在尼禄强迫已经垂垂老矣的塞涅卡自杀时——这比用当时可用的各种手段直接处死要好得多——塞涅卡利用自己赴死的场合与在场的几个朋友最后谈论了哲学,就像苏格拉底被迫喝铁杉毒药之前一样。

正如任何一位优秀的斯多葛派成员,塞涅卡多年来一直为死亡做准备,这是他哲学训练的一部分。他在放弃生命时没有表现出一丝担忧。

据传他毫无表情地说:"谁不知道尼禄的暴行呢?在杀死了他的母亲和兄弟之后,身边已没有可杀之人了,除了他的监护人和导师。"虽然塞涅卡最后谈论哲学的话没有流传下来,但我们可以想象他在重复苏格拉底关于死亡的话:"虽然你可以杀我,但你不能伤害我。"[4] 用我们的话说就是:"虽然你可能杀死我的身体,但你不能摧毁我内在的品质。"

塞涅卡的世界就是我们的世界

如果你读塞涅卡的作品,你会发现,最引人注目的是他似乎准确地描述了我们现在的世界,尽管他的作品是两千前写的。

罗马富有的公民已经将消费主义发展成一门精致的艺术,并陶醉于感官上的奢侈和享乐。就像在我们自己的时代,我们可以在冬天去超市购买来自半个地球之外的橙子和鳄梨，罗马人开发国际贸易到了很高的程度，稀有商品、食品和奢侈品从遥远的地方涌入罗马。

罗马社会上层痴迷于展示他们的财富以显示其社会地位。我们现在所说的"赶上琼斯家"（英语俚语，意思是"攀比"），甚至在古罗马就已经存在。正如塞涅卡所描述的：

> 我们买很多东西只是因为别人买了这些东西，只因为很多家庭里有这些东西。我们的许多问题都可以用我们模仿别人的事实来解释：我们不去追随理性，而是被习俗引入歧途。如果只有少数人做点什么，我们就不会模仿他们。但当大多数人开始以某种方式行动时，我们也会跟进，就好像什么东西出现得越频繁就应该越尊贵一样。

有钱人建海滨别墅，用异国情调的进口大理石砌成，可以看到壮观的海景，还配备游泳池和优雅的浴室，以及所有可以想象到的豪华设施。一些人在炎热的夏季从遥远的地方运来雪和冰以冷却饮料和游泳池。还有一些人经常花费天文数字的金钱举办奢华的宴会、晚餐和聚会，吃的是从世界各地进口珍馐美馔，然后呕吐出来，为以后更多的美味腾出空间。虽然罗马人在早期生活得很简朴，但后来情况不复如此。

最后，塞涅卡时代罗马的高消费文化，与今天我们在好莱坞小报和名人八卦网站上读到的名人高消费文化，展示出了同样的挥霍无度。塞涅卡评论说：

> 自我放纵的人一生都想成为关注的焦点。如果没有流言蜚语，他们会感到很糟糕，并会做一些新的事情来引起注意。许多人大笔投钱，还有许多人养情妇。要在这群人中成名，你需要把奢侈和恶名结合起来。在这样一个繁忙的城镇，寻常小恶无人关注。

这些事情在今天听起来很稀松平常，原因很简单，就是人性并没有改变。虽然我们今天的文化在技术上要先进得多，但从心理意义上说，我们和塞涅卡那个时代的人是一模一样的。我们是复杂的生物，既渴望成为一个好人，让世界变得更美好，同时又受到贪婪、野心、担忧、恐惧、悲伤、愤怒、金钱焦虑、性欲和上瘾的困扰。

虽然斯多葛主义提倡简单生活，但只要财富能够得到明智的支配，它并不禁止财富的积累。作为罗马帝国最富有的人之一——其同事包括社会精英的顶级成员——塞涅卡对追求过度奢侈的后果有切身的体会。最有可能的是，正是这种切身体会让塞涅卡认识到奢靡生活的空虚和肤浅，并引导他通过写作来抵制它：

> 我们欣赏墙上一层薄薄的大理石，尽管我们知道大理石下隐藏着什么缺陷。我们欺骗自己的眼睛，当我们将黄金镶在天花板上时，除了一个谎言之外我们还喜欢什么呢？因为我们知道，镀金的外表下藏着丑陋的木头。这些肤浅的装饰也不只是在墙壁和天花板上才有。你看到所有那些昂首阔步的名人拥有的是金叶装饰的幸福。看看内在，你会看到在那个脆弱的表面下有多少腐败。

塞涅卡在斯多葛派传统中的独特之处，在于他对人类状况包括人类野心和恐惧的深刻心理洞察。他是西方世界上第一个深入探索消费主义心理学的人。他还为理解情绪和愤怒做出了重大贡献，他的成果在今天仍然适用。简而言之，塞涅卡并不是一个学术理论家，而是一个在现实生活中"看透一切"的人：人性中最好和最坏的一面都看到了。[5] 他对自己所写的东西有第一手的经验，并且有一种理解他人内在心理动机的独特能力。这就是为什么塞涅卡能在两千年后成为现代读者极具价值的向导。

归根结底,塞涅卡的时代就是我们的时代。他是我们的同时代人,我们关切着同样的问题。

第一章

失落的友谊艺术

> 无论多好或有益的东西,如果我只能让自己知道它,就不会让我高兴。如果没有朋友分享,就没有什么好东西是令人愉快的。
>
> ——塞涅卡,《书信》6.4

塞涅卡六十多岁的时候,他的好朋友卢西利乌斯正在与一个重大问题抗争。

卢西利乌斯比塞涅卡年龄稍小,在尼禄政权中任职,管理西西里地区。和塞涅卡一样,卢西利乌斯也雄心勃勃,才华过人,工作勤奋,事业成功。在他那个时代的社会里,他为自己开创了高贵职业,并获得了名声。但在取得高度成功的过程中,卢西利乌斯忽视了他内心的自在。用现代的话来说,他遭遇了意义危机。

为了向值得信赖的朋友寻求建议,卢西利乌斯求助于塞涅卡。卢西利乌斯想退休,过上更深刻更充实的生活,但他也已经习惯了自己富有的生活方式,以及他经常受到的公众好评。和今天的许多人一样,卢西利乌斯不知道他是否有足够的经济实力来退休和维持他的生活方式，还是应该继续工作一些年来获得更多积蓄。虽然卢西利乌斯渴望获得自由，但他也担心离开高薪职位的后果。

虽然研究塞涅卡的学者从未提到过这件事，但这就是塞涅卡给卢西利乌斯写信的背景。

卢西利乌斯关于如何调整他生活道路的问题，给了塞涅卡一个理由来创作精彩的《书信》，这些信不仅是为卢西利乌斯而写，而且是为更广泛的读者群体所写。与此同时，《书信》也是一门设计巧妙的入门课程，以介绍塞涅卡自己的斯多葛派哲学品牌，但支撑整个项目的是对友谊具有深厚和转化力量的信念。他的《书信》讨论了友谊的许多方面，但这一段强调了为什么友谊如此重要：

> 友谊为我们创造了一种各方面的伙伴关系。没有什么对我们个人来说是好或者是坏：我们的生活是一个共同体。只关心自己利益的人，不能过上幸福的生活。如果你想为自己而活，你必须为另一个人而活。这种友谊要用特别的关心和尊重来维系，它将整个人类团结为一体，并认为我们都有某些共同的权利。但这也有益于培养一种我所一直讨论的更亲密的友谊。一个人如果和另一个

人有许多共同之处,那么他和朋友就会在所有事情上都有共同之处。

塞涅卡通过信件向卢西利乌斯阐释他的生命哲学,而他早期的哲学作品是为其他朋友、亲戚和熟人而写的。他的目的是帮助他们获得精神上的平静,克服悲伤,或应对各种挑战。正如我们所看到的,塞涅卡哲学是生活的艺术,它并非建立在为其他智慧生物创造一个抽象系统的基础上。相反,它涉及具体的人与人之间的关系,因为在塞涅卡看来,哲学应该能帮助生活在现实世界中的人。

塞涅卡一再批评他那个时代的学术哲学家,他们使哲学沦为毫无说服力的逻辑论辩。他们的方法似乎无法令人信服,而且与解决人类需要无关。塞涅卡鲜明地区分了"真正的哲学"和其替代品,他认为后者是一种文字游戏,只是纯粹的智力游戏。他说,他那个时代的许多哲学家都专注于分析音节和咬文嚼字,而不去探索可以提高人类生活的生存智慧。他坚持认为,真正的学习是为了生活,而不是为了课堂。塞涅卡的哲学思想既系统又一致,同时作为一名作家,他理解以一种具有吸引力和令人信服的方式呈现这些想法的重要性。通过用文学技巧和戏剧手法来传播哲学,他将哲学引入生活,并使其令人难忘。

卢西利乌斯把塞涅卡看作他的密友,也把他视为哲学导师和顾问,而塞涅卡很乐意扮演这个角色。有时,一个朋友可以是一个优秀的导师。通常,很了解你的人可以为你提供坦诚的反馈,这些反馈如果来自陌生人可能会让你感觉不适甚至引发敌意。因此,在《书信》中很多地方,塞涅卡强烈驳回了导致卢西利乌斯精神焦虑的错误观点(当然是从塞涅卡的斯多葛学派角度来看)。

塞涅卡很了解卢西利乌斯,必要时,他帮助卢西利乌斯认真看待导致他问题的潜在信念。然后他会鼓励卢西利乌斯从别的角度看事情,帮助他重新对待遇到的情况。塞涅卡的一些信件非常像现代的心理咨询,咨询师强烈建议他的来访者质疑他或她自己的思维模式。在塞涅卡的所有哲学著作中,他扮演着导师的角色,提供明智的建议和合理的论点来解决现实生活中的困难。他帮助读者重新考虑他们的基本信念。在塞涅卡和斯多葛学派看来,除非你能消除或解构导致精神痛苦的错误信念,否则任何人都不可能过上更幸福的生活[1]。

友谊的工具

每当收到你的信,我都觉得似乎和你见了面。

我感觉我接下来要做的是当面回复你,而不是用文字回信。

——塞涅卡,《书信》67.2

与朋友在一起是享受彼此陪伴和进行有意义对话的最好方式。但这并非总能做到。在古代,通信是建立、维系和巩固友谊,跨越分离空间的工具,就像塞涅卡在给卢西利乌斯的信中所写的:"我每次收到你的信都会感觉跟你在一起。"通信一直发挥着这个功能,直到它们近来基本上被电子邮件取代。

遗憾的是,我认为电子邮件的发明让我们失去了一些至关重要的东西。虽然电子邮件快速高效,但它们往往感觉没有血肉,缺乏实质。相比之下,一封精心写成的纸质信件可以提供一种截然不同的体验,能更深刻地表达一个人的个性和内心想法。我们很快就会忘记电子邮件的内容,但一封引人入胜的纸质信可以让人感觉得到精神滋养,值得你保存在一个特殊的地方。

我们现在经常看到人们表达自己孤独的文章。事实上我认为，纸质信过时至少是造成"孤独流行病"的一个小因素，具有讽刺意味的是，虽然类似脸书这样的社交媒体平台能把我们和成百上千的人联系起来，但很多人比以往任何时候都更孤独。我想我明白为什么：我们作为人类要有健康幸福的感觉，需要面对面的真实对话。相比之下，社交媒体上的交流层次实在太低。信件可以体现持续进行的对话，但社交媒体主要由评论组成——这是两个非常不同的事情。

当然，也可以通过电子邮件给某人写一封实实在在的信。谢天谢地，这种情况有时会出现。但由于大多数电子邮件只是快速记录，媒介本身鼓励我们交流时不要像以前写实体信件时那么深入。换句话说，通过电子邮件，我们交流得更快更频繁，但也更肤浅。

在他给卢西利乌斯的信中，塞涅卡为我们树立了一种深厚友谊的榜样。但在我们快节奏的功利主义文化中，人们专注于获得快速的结果和即时满足，似乎常常忘记深刻和令人满意的友谊需要些什么。

友谊的三个层次

亚里士多德（公元前 384 年—公元前 322 年）在两千多年前就强调友谊的重要性。他在作品中介绍了三种不同的友谊，并说明了为什么没有有意义的友谊就不能过上幸福生活。虽然你今天不太可能在大学哲学课程中学习有关友谊的知识，但它对亚里士多德来说却如此重要，以至于他在其主要伦理学著作《尼各马可伦理学》中，用了五分之一的篇幅来探索友谊的本质和意义。

亚里士多德解释说，最基本的友谊层次依赖于互惠。我们可以将这类"互惠型友谊"看成类似于你在交友活动中为了工作而建立的联系。这是最肤浅和最短暂的友谊类型。因为这类友谊通常是以自我为中心的，当某人能带来的好处消失时，友谊也随之解体。就我个人而言，我不会称这些人为"朋友"，而会称其为"熟人"。用塞涅卡的话来说，"当一个人为了获得更多个人利益而结交朋友时，真正的友谊就被剥夺了尊严"。[2]

另一种形式的友谊基于"共同快乐"。这种"快乐型友谊"见于那些享受彼此陪伴的人。这可能包括一个喝酒的朋友，一个你喜欢一起去看电影的人，或者任何你喜欢花时间和他们在一起的人。

然而，在亚里士多德看来，最深厚的友谊是建立在相互钦佩基础上的，每个人都能在对方的品质中看到他或她所钦佩的东西。这种"品质型友谊"是基于你在另一个人身上看到的善行或者美德。"品质型友谊"需要信任，需要时间的投入，是一种很容易持续一生的友谊类型。亚里士多德称这种友谊为"完美的"，它涉及与他人分享你的精神生活。就像所有的友谊一样，它也包括真正地祝福他人。因为这种类型的友谊需要时间，你真正的朋友的数量会有限。

在亚里士多德和塞涅卡看来，如果没有建立在爱和理解基础上的真正友谊，人类的生活无法在孤立状态下得到完全满足。同样重要的是，通过花时间和别人在一起并进行对话交流，我们也可以发展我们的内在品质。朋友就像彼此的镜子，因为当你从另一个人身上看到你还不具备的好品质时，就会激励你提升自己的品质成为一个更好的人。

这是塞涅卡和卢西利乌斯践行的友谊艺术，不仅是哲学层面上的，而且充满了真正的感情。这种友谊艺术已经失落。它基于彼此对话和对彼此幸福的渴望，我相信今天很多人都对这种友谊心向往之，但我们却找不到很多好的榜样。毫无疑问，这种罕见的、更深切的品质型友谊，让我们觉得内心更有意义，让我们感觉更具人性，更有活力。这类友谊不仅提高了我们的生活质量，也使我们成为更好的人。

共同进步

在给卢西利乌斯写第一批信件的其中一封时，塞涅卡精神非常振奋。他在第一行激动地写道："卢西利乌斯，我现在可以看到，我不仅在进步，而且是在转变！"

塞涅卡作为卢西利乌斯的导师，并不仅仅是试图帮助他提升品质。正如这一行信的内容所示，他对自己也有同样的希望。虽然塞涅卡从青少年起就开始学习斯多葛主义，他仍然觉得自己有巨大的进步空间。

在告诉卢西利乌斯他正在经历一次转变后，塞涅卡更深入地进行了解释。他知道他有"许多应该被辨识，应该被减少或加强的品质特征"。他认为，领悟到这一点具有重要意义。这证明了他的头脑已经变得更好，因为他现在能够看到自己的缺点。

塞涅卡的感受也正是他想在卢西利乌斯身上看到的转变。也许出于兴奋，塞涅卡试图向卢西利乌斯强调这些洞见，并为他树立效仿的榜样。塞涅卡认为，如果两个朋友可以帮助对方提升彼此的品质,一起取得进步,那将是一种理想的友谊类型。

友谊和有意义的关系在塞涅卡的哲学中至关重要,还有另一个原因(见第九章"乌合之众和联结人类的纽带")。那是因为我们周围的人对我们自己的品质有巨大的影响。塞涅卡认为,我们应该仔细选择我们的朋友,因为人们很容易从别人那里学会或无意识地吸收不良品质。反之,与具备良好品质特性的人在一起,也有助于我们培养良好的品质。这类友谊帮助我们进步。

规划路径:
斯多葛主义是进步之路

正如塞涅卡所意识到的那样,只有当你意识到自己的错误,或你可能缺乏的品质时,你才有可能取得真正的进步。

这个想法最初与苏格拉底有关。他是从一位睿智的女祭司狄奥提玛那里学到的。狄奥提玛告诉苏格拉底,众神拥有完美的智慧,所以他们不去寻求智慧。大多数人甚至不知道他们缺乏智慧,所以他们也不去寻求。归根结底,只有当你意识到缺乏什么东西时,你才能去寻求智慧。

换句话说，如果你没有意识到自己的错误，如果你不进行自我探究，或者如果你没有认真审视你的价值观，你就确实不会意识到这些事情，就几乎不会或者完全不会进步。

对塞涅卡等罗马斯多葛主义者来说，做所有事情的核心都是在朝着获得智慧和培养更好的品质方向前进，最终目标是成为斯多葛派的圣人或睿智的人。

尽管这个观点完全合情合理，但最早的希腊斯多葛学派最奇怪和最具破坏性的观点之一（在我看来）是，美德——即具有良好的品质——本身是一件"全有或全无"的事物。这意味着只有斯多葛派的圣人具有美德，而其他所有人都被描述为愚蠢、藏奸甚至疯狂。这个观点来自犬儒学派，它也有助于解释这个学派不同寻常和令人生疑的特性。

斯多葛主义的创始人，季蒂昂的芝诺受到苏格拉底生活和思想的强烈影响，但他也受到了另一个希腊哲学学派犬儒主义的影响。犬儒主义寻求激进的自由状态，他们住在雅典街头，以乞讨为生，因其极端言论和公然违背社会习俗的个人行为而臭名昭著。（据说，柏拉图曾形容犬儒主义哲学家第欧根尼是"疯了的苏格拉底"。）芝诺几乎所有更激进的思想都可以追溯到犬儒主义。同样，认为美德是一个"全有或全无"的事物的观点（及圣人的概念）也出自犬儒主义。

当然，斯多葛派有关圣人的基本思想并没有什么错。这实际上是一个非常有用的概念。问题在于美德是一个"全有或全无"的事物这个观点：一个人要么是具备全部美德的圣人，要么就完全缺乏美德。在我看来，芝诺对圣人和其他人的极端二分法并不是一个有用的观点。这个观点当然容易引人注目，但对斯多葛学派是有害的，它引起了其他古代哲学家对斯多葛派的不少嘲笑。

换句话说，大多数现代哲学家会把美德必须是"全有或全无"的观点定义为一种错误的二分法，他们认为这是一种逻辑谬误。同样，一个现代哲学家也不会期望任何人具备完美的美德，他们会着眼于品质的总体卓越性。

在这方面，后来的罗马斯多葛主义者如塞涅卡，让我觉得比最初的希腊斯多葛学派更加现实。希腊斯多葛学派将圣人描述成冷漠和情感超然的一类人，而塞涅卡让圣人看起来更具人性。他还强调了斯多葛派圣人和其他人一样会受到正常人类情感的影响。最重要的是，罗马斯多葛学派重点关注那些努力进取以获得美德或提升自己品质的人。这意味着与斯多葛派哲学有关的有三类人：圣人；"进步者"，即那些在成为圣人方面取得了进步的人；还有第三类没有进步的人。虽然我们可以称第三类为"无进步者"，但罗马斯多葛派并没有给这个类命名，甚至没有对他们进行定义。尽管如此，正如我们从塞涅卡的著作中清楚地看到的，这个群体由那些无意识地被错误和未经检验的信仰所束缚或奴役的人组成。出于我们的需要，我们将称这群人为"未探询者"（见图1），以呼应苏格拉底的说法："未经审视的人生不值得一过。"

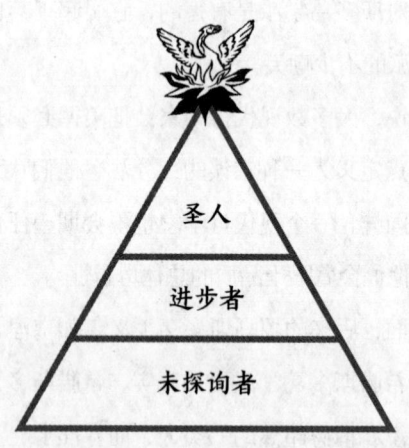

图1：罗马斯多葛学派将哲学道路上的人总体分为三类

现在我将试着全面地绘制这个模型，以帮助解释为什么罗马斯多葛学派把斯多葛主义视为一种道路，以及他们认为怎样通过自我反思、练习和训练，每天取得一些进步。虽然任何人都不太可能达到斯多葛派圣人的水平，但他们坚持认为，朝着这个方向取得进步是可能做到的。

在图1的顶端，我们看见的是斯多葛派圣人的形象，一个拥有完美智慧的人。斯多葛派的圣人在正常情况下是幸福、快乐和宁静的，并表现出心理上的平和。此外，圣人不会经历任何激情或剧烈的情绪，比如极端的愤怒，因为这些强烈的情绪来自错误的内在判断。使斯多葛圣人免于负面情绪困扰的原因是，他或她只做出合理的判断，所以剧烈的情绪甚至没有机会出现。（尽管如此，斯多葛派的圣人还是会体验到正常的人类感受，这个话题将在第四章和第十二章中讨论。）

正如我们所看到的，斯多葛派的圣人是一种极其罕见的哲学生物。塞涅卡说，圣人如此罕见，使他们看起来就像埃及的凤凰，每五百年出现一次。（这就是为什么我在图表上放了一个小凤凰，以提醒人们它的稀有性。）虽然几乎所有斯多葛派哲学家都谈论圣人或智者，但没有一个人声称自己是斯多葛圣人。在横跨许多世纪的斯多葛学派里，最常被认为是真正圣人的是苏格拉底。

那么，如果圣人虽然并非不存在，但又极其罕见，那么这个概念有什么实际价值呢？简而言之，圣人是一种榜样：就像指南针或北极星，给学习者一个目标，使他们一直向正确的方向前进。用塞涅卡的传记作家艾米丽·威尔逊的话来说,"完美的斯多葛圣人形象让塞涅卡感兴趣,它不是一个抽象的存在,而是作为一种工具,使他的读者更加善待彼此"。

塞涅卡本人从未声称自己是圣人。正如他所承认的,"我远谈不上是一个过得去的人,更不是一个完美的人"。但塞涅卡经常提到圣人或智者,因为它是一个有用的工具。事实上,塞涅卡在他的著作中对圣人的本质有很好的定义,以至于斯多葛主义的学生几乎在任何情况下都能找到自己的定位,并问自己:"斯多葛派的圣人会如何回应这种情况?"尽管它可能并不完美,但这个工具确实起作用。

在我的金字塔的另一端是最不具备哲学倾向的层面"未探询者",对应于苏格拉底描述的没有自我觉知的群体:因为他们没有意识到他们缺乏智慧,他们从不渴望寻求获得智慧。(更糟糕的是,这个群体中的一些人可能认为他们已经很有智慧了,这也同样限制了他们。)

从现代的角度来说,我们会说"未探询者"的生活受到他们在社会化和适应社会过程中所吸收的信仰的大力塑造。对这些信仰他们还没有开始主动地质疑。因此,他们倾向于只看事物的表面价值,也许像广告商的暗示信息,"购买这个产品会提升你的地位和自我价值"。从古代斯多葛学派的角度来看,像这样根深蒂固的错误信念激励人们寻求奢华的快乐、财富、名声和社会的认可。但在斯多葛派看来，所有这些东西都是"假好"而非拥有优秀内在品质的"真好"，后者也会允许我们以一种明智和有益的方式使用外部的事物。此外，"未探询者"所持有的错误观点经常导致他们经历极端的负面情绪，如担心、恐惧、焦虑和愤怒。

既然你现在正在读这本书，那么几乎可以肯定你是一个好奇的人，对学习新事物感兴趣，而且你也不是完全没有自我觉知（当然也不是完全睿智）。你属于我们称为"进步者"的中间群体。"进步者"是指某人意识到他或她还没有达到睿智的程度，因此还能够提高并成为一个更好的人。这是塞涅卡作品所针对的读者，他把自己和卢西利乌斯也列入了这一类。

"进步者"是古希腊一个术语（prokoptōn）的翻译，原意指斯多葛学派的学生，或"取得进步的人"。因为没有一个斯多葛派的哲学家声称自己是完美的圣人，而是在努力每天通过自我反省和各种练习取得进步，所以所有的斯多葛派哲学家都是进步者。

总而言之，一个人要取得进步，你必须首先意识到你是不完美的（或者有理由提高的），其次，你有进步的愿望。并非巧合的是，塞涅卡信件中最常用的词之一是"进步"，即在获得智慧的方面取得进展。正如他总结的,"大部分进步都在于取得进步的愿望"。因为没有这个愿望,进步本身是不可能的。

令人奇怪的是,斯多葛学派作为一门学派从未深入探索过的一个问题是,究竟是什么导致某人成为进步者?虽然确切的答案因人而异,但显然某种我们今天所说的"警醒"是一般都需要的。这可能是一次个人危机,一次个人损失,反复的失败,或者只是一种慢慢提高的认识,意识到生命太珍贵,不能浪费在这个世界一直试图推销给我们的假货上。或者,这个"警醒"可能是一种持续的不快乐或沮丧感觉——因为他或她当前的信仰或生活方式无法满足其内在的真实需求。

每天进步一点点

> 别要求我应该是最好的,只要求我比最坏的好。如果我每天能减少自己恶行的数量,并纠正我的错误,这对我来说就足够了。
>
> ——塞涅卡,《论幸福生活》17.3

罗马斯多葛主义是一条专注于每天一步一步渐进式取得小进步的道路。没有人是完美的，这就是为什么斯多葛主义至少在部分程度上是一种练习：它不只是你要完成的一个练习，而且是你为了更好地做事而进行练习的工具——就像音乐家或运动员练习一样。

每天都有新的情况出现，让我们的品质经受轻微的或严峻的考验，给我们持续的机会去练习专注、善良，并尽可能做出最好的（或最明智的）判断。

马可·奥勒留的《沉思录》突出显示了斯多葛主义是一种日常的、渐进的练习。在许多天里，马可·奥勒留在他的私人日记中反思了如何更好地生活。通过给自己写这些笔记，他排练了他的斯多葛派信仰，并反思如何在生活中应用它们。这也是塞涅卡用信件形式来进行哲学写作的原因之一。每天都带来自我反思和进步的新机会，而一系列的信件本身就是"一项进展中的工作"——就像培养一个人的品质也是一项进展中的工作一样。

斯多葛学派的其他练习显示出进步是渐进的，比如塞涅卡和其他斯多葛派哲学家所做的那样，每天睡前回顾自己一天的活动。在这个练习中，斯多葛主义者会审视他们在白天犯的错误，并考虑如何在未来表现得更好。塞涅卡解释说，在他的妻子睡着后,"我仔细审视我的一整天,回顾我的言行。我不对自己隐瞒任何东西,也不忽视任何东西。我说:'确保你不要再这样做了,现在我原谅你。'既然我能这样说,那有什么必要担心自己的错误呢?"

在各种形式的这类简单练习中,一个人向自己提出几个问题:

- 我哪里做错了?
- 我做对了什么?
- 什么事情我没做完?
- 将来我如何做得更好?

这并不是斯多葛学派唯一的"哲学练习"形式。其他形式在全书各处都会提到,附录还为"斯多葛哲学练习"列出了一个简短的清单。但正如我们所看到的,一个罗马斯多葛派被鼓励每天回顾他或她的行为,以取得稳定、渐进的进步,特别是从上面的这个练习中。

体验圣人般的时刻

虽然没有一位斯多葛派哲学家声称自己是完美的圣人，但当我深入研究罗马斯多葛派最引人注目的代表——塞涅卡、艾比克泰德和马可·奥勒留——的作品时，我不相信他们没有经历过圣人般的时刻。在这些瞬间，他们会感到内心完全的平静，感到与宇宙的和谐，感到有能力做出最好的判断，并感到一种深深的喜悦。事实上，我偶尔也会体会到这些圣人般的时刻，即使它们并不会持久。

根据传统的斯多葛派观点，成为圣人是一件"全有或全无"的事情。但在我看来，这些观点中缺少些什么。假如连偶尔体验一下圣人般的感觉都不可能，那渴望成为一名圣人到底有什么意义？虽然我们的日常生活可能感觉远非完美，但还是有一些罕见的时刻——我们有时在自然界中会经历这样的时刻——我们可以瞥见世界令人赞叹的美丽和无瑕，尽管在其他地方可能正在发生什么苦难或混乱。

除了经历那些时刻——我相信任何人都能经历到——我们是否成为一个完美的圣人并不重要。对塞涅卡和罗马斯多葛学派来说，重要的是我们取得了某种稳定的进步，提高了我们品质的卓越，使我们无论可能面临什么样的外部环境，都可以过上美好而有意义的生活。

在塞涅卡看来,在生活中取得进步并不是一种孤立的经历:它需要友谊、与志同道合的人在一起,以及接受他人的帮助。斯多葛学派坚信人类共同体的价值。理论上,最高的友谊只存在于具有完美智慧的人之间。但由于具有完美智慧的人甚至不存在(或极其罕见),下一种最好的友谊存在于致力帮助彼此取得内在进步以变得更好的人之间。虽然所有的友谊都有价值,但最值得赞赏的是那种能帮助我们——及他人——更深入理解这个世界和我们自己的友谊。

第二章

珍视你的时间:
不要推迟生命

> 将所有时间结合为一体，会延长生命。
>
> ——塞涅卡，《论生命的短暂》15.5

这是一个美丽的、阳光明媚的秋日早晨，空气中稍有寒意，我拿了一杯温暖的咖啡。此刻我坐在最喜欢的餐厅，准备点一份美味的早餐。这个早晨我尤为高兴，就像一次快乐的重聚即将来到。这是因为我要花点时间和我的老朋友塞涅卡在一起，不过这次是一个特殊的场合。在这个凉爽而明亮的早晨，就在世界从睡梦中醒来、人们匆匆赶去工作的时候，我又从头开始重读塞涅卡的《书信》。

第一封信不到两页，用一种炫目的文学风格，对人们低估时间的价值发出警告。虽然塞涅卡没有给他的信取标题，但这一封被不同的翻译命名为"论节省时间"或"掌控你的时间"。

我们最宝贵的财产

塞涅卡认为,时间是我们最有价值的财产。因为我们的生命有穷,每个人剩下的时间都有限。然而,许多人,不管出于什么原因,都不珍惜他们的时间,把生命浪费在毫无意义的追求上。当他们到达生命的尽头时,他们终于意识到自己的错误,感到深深的遗憾。

第一封信是塞涅卡给卢西利乌斯的回信。卢西利乌斯此前写信给塞涅卡,说他渴望过上更好的生活,并问如何更好地保持自己的内心专注。以下是塞涅卡回信的前几句,我从最开头引用:

信件1

塞涅卡致卢西利乌斯,问候语

继续,亲爱的卢西利乌斯,继续解放自己:积累并保护你的时间。到现在为止,你的时间一直在被夺走,被偷走,或者就是自然消失。让自己相信这些话:有些时间从我们身上被抢走,有些被偷走,还有些悄然溜走。

塞涅卡认为,我们因为粗心大意而失去了很多时间和生命。当我们心不在焉的时候，生命就溜走了。然后他问卢西利乌斯："你能找出这样一个人来吗：他考虑时间的价值，他重视每天的价值，他意识到他每天都在向死亡迈进？"为了让这个问题显得更加紧迫，塞涅卡又补充说："我们错误地认为死亡存在于未来：其实大部分的死亡已经从我们身边经过，但没有被我们注意到。我们度过的任何一年都已掌握在死神手中。"

我认为，塞涅卡写这封信的时候，并非心怀不悦，他并没有用鄙视的眼光看待别人的行为，然后用说教的口吻告诉他们如何生活。最有可能的是，他的这些见解来自他自己的体验。写这封信时塞涅卡大约66岁，如果来自古代世界的说法是真的，当时尼禄正试图毒死他。事实上，就在塞涅卡写这封信的同一时期，他在另一封信中懊悔地回顾了自己的生命，反思了他浪费的所有时间。他坦率地承认："我已年老，我的年龄指责我在无意义的追求中浪费了很多年时间。"塞涅卡试图亡羊补牢："让我们更努力，让我用工作来弥补浪费生命的错误。"如果我们体会塞涅卡言外之意的话，很容易想象到，塞涅卡在沉思他浪费的多年时间时，他可能想到的是他为尼禄所做的工作。因为塞涅卡为尼禄所做的工作虽然金钱报酬非常丰厚，但尼禄最终厌倦了塞涅卡，希望他死。考虑到这个结果，塞涅卡一定认为他为尼禄所做的工作是在浪费时间，而他本可以做一些更好的事情。事实上，就在塞涅卡开始写《书信》前不久，他尝试尽可能地摆脱尼禄。他想要退休，曾两次试图归还一些他从尼禄那里得到的财富和资产。但这两次尼禄都拒绝收回任何东西，也拒绝让塞涅卡正式退休。

失去时间

塞涅卡鼓励卢西利乌斯不要陷入类似的浪费时间的陷阱，珍惜每一刻，因为只有时间属于我们自己。他指出，奇怪的是，人们经常喜欢几乎没有真正价值的身外之物，而往往不重视真正属于他们自己的最宝贵的东西：构成我们生命的有限时间。

虽然塞涅卡关于时间价值的第一封信很短，但时间的重要性——以及不在毫无意义的追求上浪费生命的重要性——是贯穿他所有作品的中心主题。这也是他对斯多葛学派哲学的独特贡献，因为其他斯多葛派哲学家没有讨论这个话题。值得注意的是，塞涅卡在更年轻且事业处于巅峰期的时候，他写过一本小书《论生命的短暂》，也是讨论如何充分利用时间。这本书甚至可能是在他最忙碌的时候写成的,当时尼禄只有十几岁,塞涅卡帮助他管理罗马帝国。

"如果你知道如何利用生命,生命就很长,"塞涅卡写道,"问题并不是我们的生命很短,而是我们浪费了很多时间。如果我们善用生命,那么它已经足够长,甚至能完成最伟大的事业。但当生命因我们粗心大意和追求奢侈而消失,当死亡最终逼近我们时,我们才意识到生命在我们不知情的时候就已经过去了。"

塞涅卡说,人们以无数的方式浪费他们的生命:有些人贪得无厌,另一些人追求"无用的事业"。有些人酗酒,另一些人无所事事。有些人充满政治野心,另一些人忙于从国外买奢侈品。"有些人在位高权重者面前自甘为奴,最后筋疲力尽。"其他人将时间浪费在"追求他人的财富或者抱怨自己的匮乏。"有些人从一件事情转到另一件事情,毫无节奏或理由,因为没有一致的目标而失去时间。"有些人没有可以引导他们人生的目标,当他们萎靡不振躺在床上打哈欠时,死神出乎意料地将他们带走。"他说,虽然人们在保护有形财产和金钱积蓄时往往非常谨慎,但当涉及保护他们最有价值的资产时,许多人却让它溜走了。

崇拜忙碌,古代和现代

塞涅卡对那些一直"忙碌"的人非常怀疑,他们跑来跑去,好像有许多重要的任务要做,而在这个过程中几乎没有完成什么有意义的事。有时,人们表现出忙碌的样子似乎只不过是一种炫耀。用他的话来说:"喜欢跑东跑西并不能证明一个人在努力工作——只是心神不定表现出的坐立不安。"不像真正专注完成工作,表现出忙碌只不过是浪费时间。

正如塞涅卡所指出的,一些人"相信忙碌是他们成功的证明",而一个品格更高的人则不会"为忙碌而忙碌"。塞涅卡当然也没有偷懒。他认为努力工作至关重要。但他肯定会怀疑"多任务处理"的智慧。他还会质疑参加冗长的令人生厌的工作会议的价值,这样的会议无法取得任何有意义的成就。我们从塞涅卡的作品中可以看到,这种现象也存在于他的时代;就像在我们这个时代一样,它导致人们失去了对生活真正重要的问题的感知。

在一个生动的段落中,塞涅卡用嘲讽的口气写道:"许多人在剧院、房子和市场之间跑来跑去,我们必须尽量不要瞎忙。"这些人"干涉别人的事情,总是看起来很忙。但如果你问其中一个刚离开家的人,'你要去哪里?打算做什么?'他会回答:'天啦!我不知道!但我会见一些人,会做点事。'"塞涅卡认为,在生活中有某种明确的目标很重要。他指出,"他们没有目的地四处闲逛,找事来做,却不去找他们打算好要做的事,只是做他们偶然碰到的事。"最后,他以幽默的口气抨击道:"他们的闲逛漫无目的,没有意义,就像蚂蚁从灌木丛上爬到高处树枝的尖端,然后又从上面爬下来。"

如果塞涅卡《论生命的短暂》是在接近职业生涯巅峰的时期写的,那么那时他一定也处于忙碌的巅峰。他写这本书很可能是在思考更好的生活方式。他可能在想周围人的生活,也许还有他自己的生活,是如何与他认为的充实的生活方式如此不和谐的。

在塞涅卡看来,忙碌的问题在于,它会导致精神过度关注琐碎问题。当我们成为他所说的"关注琐碎"的人时,我们就无法将注意力集中在任何比我们正在跟踪的任务和清单更为重要的事情上。我确信我们都曾经不时处在那个境地——我肯定是有过——而且我们与塞涅卡一样,大多数人也需要为了生存而工作。那么,最大的问题是:我们如何才能珍惜我们的时间,充分地生活在当下,而不被琐碎的任务和分散注意力的事情所淹没?我们如何避免在忙碌中失去自我?

塞涅卡认为一个关键的想法是，我们不应该推迟现在的生活，希望有一天我们能够退休后过上一直梦想的生活。太多的人试过这样做，但都以失败告终。有时人们在退休前就会死去。在其他情况下，因为他们把一生都花在一种职业上，有些人从来没有培养任何工作以外的兴趣，供他们在退休期间发挥。由于缺乏工作之外的兴趣，一些人觉得退休很无聊，甚至在离开终身职位后不久就去世了。在塞涅卡的时代，情况也不例外。正如他所指出的：

> 你会听到很多人说："我五十岁以后会退休，开始休闲生活。六十岁以后我将放弃所有的公共职责。"但我问，你用什么保证你的生命能持续呢？谁会允许你的计划将按照你的意愿实现呢？你为自己剩下的点滴余生积蓄钱财，并只在头脑已无法用于事业的时候才来开发它，你不感到羞愧吗？在生命行将结束的时候开始生活已经太晚了！

虽然塞涅卡重视努力工作，但他认为休闲也至关重要：他肯定会同意我们关于"应该为生活而工作，而不是为工作而生活"的观点。此外，如果可能，我们应该寻找有意义的工作，可以对社会有贡献。

塞涅卡认为，我们在工作时应该关注核心的任务，避免琐碎的事情。这将消除他所描述的许多无关紧要的"忙碌"；当我们必要的任务完成后，我们应该休息，把我们的头脑用在更好的事情上。

当然，一个人如何在工作和休闲之间找到正确的平衡，每个人都会有所不同。在塞涅卡看来，真正的问题是人们沉迷于财富——或他们认为的财富——这导致人们产生贪得无厌的心态。这种信念使那些"专注琐碎"的人的生活处于忙碌与喧嚣中。但对塞涅卡来说，足够维持生计的人，哪怕钱财不多，也已经很富有了，而那些总是想得到更多的人却很贫穷。当你"够吃了"的时候，你也拥有时间。但那些不停奔波只为攫取更多金钱和更高地位的人却推迟了生活，他们缺乏发展他们的内在生命所需的时间。

摆脱奴役：
斯多葛主义通往自由之路

塞涅卡的绝大多数读者会错过一个重要的事实，我也是最近才发现：在他的《书信》里，塞涅卡在第一封信的第一行揭示了理解他所有信件背后总体主题的关键。这就像一个秘密信息,隐藏在众目睽睽之下。

虽然这一信息对能看懂原始拉丁语的读者来说很明显,但对英语译本的读者来说并不明显。

这封信第一行的英语译本是这样的:"继续,亲爱的卢西利乌斯,继续解放自己:积累并保护你的时间;到现在为止,你的时间一直在被夺走,被偷走,或者就是自然消失。"但原始拉丁语对这一行的前半句表述得更精确:"继续,亲爱的卢西留斯,为自己解放自己。"

这里的关键短语是"为自己解放自己"("free yourself for yourself"),在原始拉丁语中指的是将某人从奴隶制中解放出来。换句话说,塞涅卡信的第一行带有这样的意思:"继续,亲爱的卢西利乌斯——继续把自己从奴役中解放出来!"

如果古代的奴隶制有任何一丁点好的方面,那就只可能是奴隶有机会获得自由。这个过程被称为奴隶解放。在塞涅卡的时代,一些自由人或从前的奴隶成为罗马社会中非常成功、富有和位高的人。

值得注意的是,在塞涅卡之前三十年,早期的希腊斯多葛学派提出了这样一种观点,即人除了在身体上被奴役之外,也有可能在心理上被奴役。在一个身体奴役普遍存在的地方，心理奴役的说法是一个极具影响的概念，它也具有情感上的威力。但这个概念很有效果，因为斯多葛哲学承诺在心灵层面上实现人类的完全自由。芝诺在他著名的"斯多葛悖论"——这个学派闻名于世的令人费解的说法——中强调了这个概念。芝诺在他夸张晦涩的格言中说："只有睿智的人才是自由的，其他人都是奴隶。"

虽然这样说是为了通过对听众的头脑产生精神冲击，来吸引人们对斯多葛主义思想的注意，类似于今天的网络爆红，但它暗示了两个互不相关的含义。第一，从身体上完全自由是可能的，但心灵上仍然是奴隶也是可能的。第二，斯多葛主义作为一种哲学，旨在将践行这一哲学的人从导致恐惧、焦虑、贪婪、愤怒和怨恨等负面情绪的错误判断和观点奴役中解放出来。这也正是塞涅卡书信的主题，正如他在第一封信的第一行中所揭示的那样：它们都和在生活中如何找到真正的自由有关。

举个例子，如果有人总是生气，日复一日地攻击他周围的人，那个人就是在心理上受到了负面情绪的奴役。但获得自由也是可能的。斯多葛学派谈到"心理奴役"，我们今天说到"上瘾"，这是一个相关的概念。

在信件别的地方，塞涅卡解释说，"事情是这样的，亲爱的卢西利乌斯"——"奴隶制抓住了一些人,但更多的人一直紧抓奴役的绳索"。但如果他对自由的渴望是真实的,如果他愿意摆脱奴役,塞涅卡向卢西利乌斯承诺,他将沿着斯多葛主义训练的道路前进,发现他所寻求的自由。

对于古希腊和罗马的人来说,自由并不意味着完全拥有"做任何自己喜欢做的事"的自由(即许可);它意味着自我掌控的自由或"免于控制"。这意味着你拥有自我,属于你自己,而不是任何外人外物的奴隶。

斯多葛派将其哲学视为引领人们摆脱奴役走向自由的道路,这个观点得到了塞涅卡之后另一位伟大的罗马斯多葛派哲学家艾比克泰德更加大力的强调。艾比克泰德本人也是一个获得解放的奴隶。他的名字在希腊语中的意思是"被拥有的"。

在课堂讲学时,艾比克泰德幽默地责备他的学生,称他们为"奴隶",而他们实际上是富有的罗马贵族子弟。和芝诺一样,艾比克泰德也认为"只有受过教育的人是自由的"。他还说,一个正在接受训练以成为斯多葛派的人就像一个努力获得自由的奴隶。对斯多葛哲学及其解除心灵痛苦的力量的生动描述,是一个很大胆的断言,也是斯多葛派真正相信的观念。

对塞涅卡来说，学习如何珍惜时间和体验时间的充实，也是克服另一种奴隶制的一种方式。并非偶然，今天，鄙视自己朝九晚五工作的人经常称自己为"工资奴隶"。对于那些感到被时间囚禁的现代人来说，塞涅卡提供了终极逃跑路线。

活在充足的时间里

塞涅卡认为："学习如何生活，需要一生的时间。"但一个持续工作的"专注琐事者"不会深刻领悟任何东西。"专注琐事者"不断关注如何在将来获得更高的地位和更多的财富，所以他们的头脑不能充分享受当下。塞涅卡写道，充实生命的最大障碍是"期望，而它取决于明天，又浪费了今天"。

生活分为过去、现在和未来。但由于专注琐事的人总是忙忙碌碌，他们几乎很少有对过去的快乐回忆。相比之下，拥有宁静心灵的人有很多快乐的回忆。因为他们并不总是在工作，所以他们有更多的空闲时间去深入享受生活，没有人能带走这些记忆。

在讨论了这些观点后，塞涅卡做出一个惊人的断言：

在所有的人中，只有那些找时间学习和践行哲学的人是在真正休闲——只有他们在真正生活。因为他们不仅守护着自己的生命，还把每一个时代纳入了自己的生命中。他们把之前的所有年月都纳入了他们的生命。

塞涅卡接着解释说，过去哲学学派的伟大创始人给人类提供了一种可以遵循的生活方式，并传递给我们许多宝贵的财富。由于人类头脑所具有的力量，所有这些礼物，哪怕来自过去最伟大的思想家，都是我们仍然可以接触到的事物（或人）。多亏了这种力量，我们不必继续被困在我们自己的时代。我们可以分享过去时代的作品，甚至可以与过去的哲学家如苏格拉底和塞涅卡进行辩论，每天向他们学习。这样，我们就可以"从现在这个短暂飞逝的时间段转向"，将自己沉浸在一种更深刻的时间体验中，这种时间体验"是无限的、永恒的，我们可以与具有更优秀头脑的人分享"。

塞涅卡相信，通过接触过去的哲学思想，一个人将体验到一种深深的幸福感，直到他死亡的那一天。用塞涅卡的话来说："他会结交朋友，事无巨细与朋友一起考虑，他可以每天就自己的问题咨询他们，他们会说真话而不给你带来侮辱，给你赞扬而不奉承，给你一个塑造自己品格的榜样。"他在另一封信中指出，"我与最好的伙伴共度光阴。无论他们住在哪里,无论住在哪个时代,我都把我的思想传送给他们"[1]。

通过这种方式,塞涅卡为读者提供了一种珍惜全部时间的方式,加入一个更广泛的人类共同体,并逃避被迫只生活在当今时代的奴役。他写道,智者的生活——

> 不为限制他人的条件所限制。只有他摆脱了人类的条件限制,所有时代的人都为他服务。……有些时间流逝了?他将它保存在记忆中。时间就在当下?他利用它。时间即将到来?他已预料到了。把所有的时间结合在一起,使他的生命得以延长。
>
> 但对于那些忘记过去、忽视现在、害怕未来的人来说,生命非常短暂,令人焦虑。当他们到达生命的尽头时,这些可怜的人意识到他们忙忙碌碌很长时间但一无所获,只是他们意识到这一点为时已晚。

在这个非凡的见解中,塞涅卡认为,最快乐的人不会只困在现在这个时代。相反,他们可以通过将过去、现在和未来编织在一起来体验时间的终极价值。他不再认为时间是某种有限的资源,如果我们不明智地使用,有一天可能会耗尽。我们现在从时间稀缺状态过渡到成为永恒人类共同体的一部分,有取之不尽用之不竭的时间。

塞涅卡强烈建议我们发现人性的永恒和价值,并在这个过程中变成更优秀、更深刻、更睿智的人。

我们现在可以看到,要摆脱"专注琐事"和毫无头绪的忙碌,办法就是学习如何更深入地生活。对今天的我们来说,这并不需要成为一个哲学家。培养对艺术、音乐、建筑、科学、天文学、历史、文学或精神传统等方面的兴趣,可以帮助任何现代人过上更深刻的生活。通过这些兴趣活动,我们可以吸收过去最伟大的思想家的智慧和成就,我们仍然可以与他们建立关系。这样,我们的生活就不再局限于现在的年代,而会得到一个永恒的人类精神共同体的拓展和滋养。

第三章

如何克服
担忧和焦虑

> 我们在想象中比在现实中更容易遭受痛苦。
>
> ——塞涅卡,《书信》13.4

每个人都经历过担心或焦虑。

就在写这一章之前,我和念小学的小儿子独自在家里。我妻子出差参加一两个会议,所以我有责任照顾儿子,确保他准时上学。

总而言之,我们共同度过了一段美好的时光,进行了一些有趣的对话,吃了一顿愉快的晚餐,加深了父子关系。但在我们出门去学校的时候,我有几个瞬间感受到了一点恐慌或焦虑。这并不是完全非理性的,而是像大多数人不时出现的神经质想法一样。

我的焦虑集中在可能会发生某种不幸的想法上,雪上加霜的是,我住在一个我只会说一点当地语言的地方,这可能会让我很难求助。我说当地语言的水平只够我应付简单的场景比如餐馆,许多萨拉热窝人也会说英语,但有些人一点都不会说。遇到更复杂的情况,我都是靠我的妻子来翻译,而现在她去了附近的另一个国家。

总的说来，我开始想，如果发生了什么事情怎么办？

如果我们锁在了房子外面而我没带钥匙，没人能帮我怎么办？（几个月前也发生了类似的事情，所以我们不得不更换前门的锁。）如果我出车祸、妻子不在身边没法翻译怎么办？（这样的事很容易发生，因为这里的交通状况太糟糕了。）如果我突然失去了行为能力，妻子不在的时候我不能照顾7岁的孩子怎么办？如果……该怎么办？如果……该怎么办？

这些担忧都不是完全非理性的，这个过程就是这样开始的。人们开始担心未来，以及那些他们无法控制的事情。他们开始担心……如果？如果事情变得足够糟糕，他们又会接着担心他们正在担心的事实。

塞涅卡在心理学成为一门学科之前就热衷于研究它，他也热衷于研究人性。他仔细研究了担忧和焦虑是如何产生的，以及如何用斯多葛派的方法来减少或消除焦虑。

人们为什么担忧

塞涅卡认为，能够规划未来是人类所拥有的最神奇的天赋之一。提前计划的能力，与创造许多有价值的东西的能力，取决于远见，也就是我们对未来的想象。

虽然塞涅卡把远见比作"神圣的礼物"，但没有什么比担心未来（或可能发生的事情）更糟糕的了。对大多数人来说，担忧未来是心理焦虑的主要原因。人们这样担心的时候，是因为他们发挥"远见"，将这个"人类的赐福"变成了焦虑的来源。

在他的所有著作中，塞涅卡精确地探讨了担忧和焦虑是如何产生的，以及如何消除这些担忧，或者至少如何加以应对并显著减少它们。他甚至介绍了具体的练习方法，供读者学习用来克服担忧、恐惧和焦虑。

塞涅卡解释说，每个人都需要努力克服的两大恐惧是对死亡的恐惧和对贫困的恐惧（或对财富的渴望）。由于这些都是重要的话题，我们将在其他章节中专门探讨。这章将讨论一个更笼统的问题，即恐惧和焦虑首先是如何产生的，以及如何化解。

斯多葛主义的第一个理念是纯粹的常识：有些事情"取决于我们"或完全由我们控制，而另外一些事情则超出了我们控制的范围。到目前为止，还没有人可能提出反驳。不过，斯多葛学派扩展这个观念的方式需要更多的努力来解释。

根据斯多葛学派的说法，下一步是理解，所有发生在我们控制之外的外部事情并不是真正的"坏",因为所有这些事情都是无关紧要的客观事实。但根据我们做出的心理判断,它们就变成了"坏",然后引发情感反应。事实上,几乎所有的负面情绪都来自判断或观点。今天的心理学家称这为情感认知理论,它起源于古代斯多葛派。

这是每一个斯多葛派哲学家都认同的一种理念,马可·奥勒留这样表述:"抛弃'我受到了伤害'这个判断,你受到伤害的感觉就消失了。抛弃'我受到了伤害'这个判断,你就摆脱了伤害。"

另一种表达这个中心观点的方式是,虽然我们无法控制发生在我们身上的外部事物,但我们确实能够控制如何应对。例如,你可能记得某个雨天,你走在一条繁忙的路上,一辆路过的汽车呼啸着穿过深深的水坑,溅你一身水花。虽然溅水是不可避免的,但你对它的精神反应是你做出的选择。一方面,你可以只是想:"哦,我刚刚被溅到了。"另一方面,你可能会尖叫:"天哪,你毁了我的一整天!"当然,发脾气之后,随之而来的是暴怒的感觉和怎样报复司机的幻想。

对于斯多葛学派来说,第一个想法"我刚刚被溅到了",是对我们无法控制的事情所做的客观心理观察,但第二种想法"你毁了我的一整天",是一种判断或看法,造成情感痛苦和愤怒。

当我们感到不安的时候,我们通常认为我们是在对外部世界的事物做出反应,但实际上我们是在对自己内心的事物做出反应:我们内在的判断、信念或观点。我们做出情绪反应是因为我们不断在做内心判断。在塞涅卡和斯多葛学派其他哲学家看来,与其被外部世界可能完全正常和可预见的事情——如被溅水,或者别人的不良行为——所激怒,更好的做法是审视引起我们如此不安的内心判断。这样,我们就可以学会过上更平静的生活。

塞涅卡看到人类具有强大的想象力,它塑造我们的感觉和我们做出的精神判断。远见就是一种想象力,当它运用不当时,会使人产生担忧、恐惧或焦虑,不同于正当合理的担心。正因为如此,大多数的焦虑都是关于未来可能发生在我们身上的事情,就像我本章开头讲的"如果……该怎么办?"的故事。如果她离开我怎么办?如果我出了事故,不能再工作怎么办?如果我到了退休年龄,没有足够的钱生活怎么办?

这些可能都是完全合乎情理的担心,可能需要引起严肃、理性的关注。但当我们精神失去镇静时,它们就变成了别的东西——成了恐惧和内心动荡的根源。塞涅卡认为,恐惧是奴役的一种形式,"没有什么比对未来事情的担忧更糟糕的了",它"让我们的精神因无法解释的恐惧而颤抖"。他解释说,避免恐惧的唯一方法是,不要在精神上"向前延伸",而是生活在当下,并意识到当下是完整和完美的。正如塞涅卡经常解释的那样,只有在你认为现在不能令人满意的时候,你才会担忧未来。

每当塞涅卡讨论恐惧或焦虑时,他总是会很快指出应该如何克服这些情绪:不要再做"时间旅行"去想象未来某个时刻可能会发生的坏事,并在现在就为此担心,而要活在当下。读过塞涅卡作品的马可·奥勒留赞同这一观点。他写道,我们唯一真正拥有的生活就是当下的生活。

在塞涅卡看来,担忧未来(或后悔过去)完全是一种心理现象,人们沉溺于负面情绪中。他解释道,因为过去和未来在此刻都不存在,两者我们都无法感觉到,那么痛苦的唯一来源可能就是一个人的情绪、看法或想象。

我不知道马克·吐温有没有读过塞涅卡,但据说他也表达过类似的看法:"我是一个老人,我知道有很多麻烦,但大多数麻烦从未发生过。"换句话说,它们是想象出来的。

塞涅卡解释了如何回到当下。他还描述了其他治疗担忧和焦虑的方法。但在我们深入研究这些问题之前,让我们更仔细地看看担忧是如何产生的。

想象中的镜子屋

在他的作品中,塞涅卡出色地运用了想象力。他对风景画面的精彩描述唤起了读者的联想,以创造一种情绪,或为他将要解释的事情奠定基础。他是一位理性的思想家,但有时也利用想象力来创造一个有超然之美的形象,就像他的思想揭示的那样,"我希望人类能瞥见哲学的统一性,让它像夜空中群星闪耀的光辉一样显露出来"。此外,像其他斯多葛派哲学家一样,塞涅卡有时提供一种想象的练习或可视化练习,这在心理上是有益的。其中一种做法,因马可·奥勒留而闻名,今天被称为"俯瞰":它让你想象自己在我们星球上空遥远的地方俯视地球,看看我们有多渺小,并意识到我们的个人麻烦与浩瀚的宇宙相比有多微不足道。

正如我们所看到的,塞涅卡也赞扬了远见中包含的想象力,这使我们能够创造未来。但是,尽管对想象力的好处持有这种积极的看法,塞涅卡也认识到,想象力也可能以消极的形式出现。它可以引起人类的痴迷,导致失控的担忧和恐惧。"哪怕什么都没出错,"他写道,"而且未来肯定也不会出什么问题,大多数人仍然受到焦虑的煎熬。"

当想象与原始情感混合在一起时,就可以创建一个反馈回路，想象放大情感，情感又放大想象。（现代心理学家有时会把这种"对焦虑感到焦虑"的体验称为元担忧或元焦虑。）在这样的情况下，随着想象和情感的相互放大作用，整个系统可能会失去控制，导致极度焦虑、恐慌症发作或其他心理症状。当想象反映恐惧，恐惧反映想象时，我们可以把这种情况比作一个由情感激发的想象中的镜子屋。每个人都会在某个时候经历担忧或焦虑，但经历极度焦虑的人却住在这样的地方。正如塞涅卡所写的，"每个人都像他想象的一样痛苦"。

塞涅卡没有使用镜子屋的比喻，而是用迷宫的比喻。塞涅卡说，快乐的生活是完全可以得到的，就在此地此刻，就在当下。但如果人们去其他地方或其他事情上寻找，他们就失去了已经拥有的信心自由——这种信心自由是从生活在当下获得的。然后他把这种状态比作穿过一个迷宫，在那里你失去了对真实自我的觉知："这就是你快速穿过迷宫时发生的事情：你跑得越快，就被纠缠得越深。"

怎样克服担忧

在塞涅卡的哲学中，有几种方法可以克服担忧，而且它们都相当简单。但由于斯多葛主义要求练习,是像佛教一样的修行哲学,这些解决方案必须付诸实践才有效。

减少担忧的第一个也最有效的方法之一,就是在你产生内在判断,和你对未来的事情感到担忧的时候,对你的内在判断以及这些判断导致的情绪进行观测。斯多葛派哲学家艾比克泰德称这种做法为"正念"或"专注"。一旦我们了解了情绪是如何产生的,并学会了实时监控这个过程,我们就可以在刚刚感受到焦虑的那一刻,有意识地选择遵循塞涅卡的建议:把我们的思绪从未来召唤回来,完全生活在当下,因为未来在此刻根本不存在。

在塞涅卡等斯多葛派哲学家看来,对未来的事情感到关切是合理的,但是事先就对可能根本不会发生的事情感到担忧是一个错误。就像他给卢西利乌斯的信所写的:"我给你的建议是:不要提前感到痛苦。那些好像就在眼前让你害怕的事情,可能永远也不会发生。可以确定的是,它们到现在为止没有发生。"这是塞涅卡在他的所有信件中反复强调了很多次的一个建议。马可·奥勒留也支持这个观点。他写道:"不要让未来困扰你。"因为当未来到来的时候,你将以你面对当下时一样的理性来面对。

其次,由于焦虑、恐惧和心理痛苦源于糟糕的判断、错误的看法或想象力的不当运用,塞涅卡要求我们采取一个关键的斯多葛式做法:明智地分析我们的思维模式以理解痛苦的根源。因为如果焦虑来自错误的信念,通过理性地分析和解构这些信念,我们也可以治愈痛苦。正如塞涅卡所说:"我们过快赞同自己的意见。我们不去检测那些导致我们产生恐惧的想法,也不会小心地质疑它们……所以,让我们仔细地审视各种事情吧。"现代认知心理学家称这种探究为苏格拉底式提问,他们用这种说法对古代哲学家致敬。

阿尔伯特·艾利斯是现代认知行为疗法(CBT)的创始人之一,他曾研究过斯多葛哲学。艾利斯给新客户咨询的时候,他总是首先给他们一张纸,上面写着斯多葛主义名言:"让我们难过的不是事情本身,而是我们对它们的看法。"从本质上说,这是整个认知治疗领域背后最核心的基础思想。艾利斯使用一个简化了的体系,被称为"ABC情绪理论",它直接基于斯多葛派的哲学(见图2)。A对应触发事件,B对应看法,即人们对事件的意见或判断,最后是C,对应后果,它通常是B对应的看法造成的情绪结果。

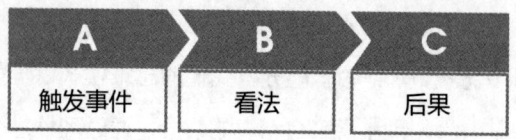

图2:阿尔伯特·艾利斯的"ABC情绪理论"直接基于斯多葛派的哲学观点"让我们难过的不是事情本身,而是我们对它们的看法"

如果你在雨天被车子溅了一身水,而你只是觉得"我刚刚被溅湿了",主要的后果就是你可能会觉得身上有点湿。但如果你相信"我的一整天都被毁了",这样就等于在说"我受到了伤害",结果很可能是你感到极端的愤怒。由此,我们可以看到,我们未经检视的、非理性的看法,导致了我们的情绪反应。幸运的是,我们可以自己或者在咨询师、导师的帮助下运用苏格拉底式提问的方法,来对这些错误看法进行分析,从而可以更好地理解甚至消除它们。

将近20%的美国人患有焦虑症。但许多学习斯多葛主义和使用斯多葛主义正念方法的人反馈说,他们经历焦虑和愤怒等负面情绪的次数已大幅下降。

看看认知疗法是如何受到斯多葛主义的影响是很有趣的,尤其是因为塞涅卡给卢西利乌斯的一些信读起来就像小型的心理咨询。塞涅卡对卢西利乌斯了解甚深,足以理解他朋友的许多潜在信念是什么。看看塞涅卡如何质疑他朋友的假设很有教育意义。看塞涅卡解释为什么别的信念可能会导致更快乐的结果也令人赞叹。这个过程与认知治疗师今天的咨询过程一模一样。

就这样,斯多葛主义成为现代认知行为疗法的先驱,而现代认知行为疗法的创始人,如阿尔伯特·艾利斯和亚伦·贝克,直接应用了斯多葛主义的理念来创建他们的现代治疗方法。在第一本关于认知疗法的主要教科书中,作者贝克直言:"认知疗法的哲学起源可以追溯到斯多葛派的哲学家。"[1] 正如斯多葛主义和现代认知行为疗法所显示的那样,理解和挑战导致痛苦的扭曲思想、看法和态度,可以使心理焦虑大为缓解。值得注意的是,这种起源于斯多葛学派的认知"激情疗法",已被科学证明可以解决多种心理障碍。例如,现代认知行为疗法成为人们研究最多的心理治疗法,是治疗精神焦虑的"金本位"。一些研究发现,现代认知行为疗法帮助75%—80%的患者从不同类型的焦虑,包括惊恐发作中恢复过来。

塞涅卡的另一种方法也被用于现代认知行为疗法,就是调低我们的情绪强度,特别是与未来相关的情绪。在他的第五封信中,塞涅卡写道:"限制欲望有助于治愈恐惧。"然后他引用了斯多葛派哲学家哈卡托的一句话:"停止希望,你就会停止害怕。"

塞涅卡解释说,希望和恐惧互为一体,因为它们都是被我们对未来的想象所激活的情绪。他写道:"两者都来自对将要发生的事的担忧和忐忑不安的头脑。每一种情绪的最大起因是我们没有把自己投入到当下,而是把我们的思想投向了遥远的未来。"

虽然我们对未来的许多担心似乎是合理的,但塞涅卡教导说,我们应该仔细分析这些担心。这样,我们就可以以一种深思熟虑的方式来回应它们,而不是以一种产生情感痛苦的方式。例如,塞涅卡指出,人们对死亡有一种非理性的恐惧,尽管死亡是生命的一部分。因为死亡是自然的,是每个人都应该能预计到的,把它看作一件可怕的事情是一个认知错误。后来的斯多葛派哲学家艾比克泰德同意他的观点:

> 困扰人们的不是事物本身,而是人们对事物的看法。例如,死亡并不是什么可怕的事情,苏格拉底也会这么想。恐惧来源于死亡是可怕的这种看法。所以每当我们感到沮丧、不安或烦心的时候,我们绝不能责怪别人,只能怪我们自己——也就是说,要怪我们自己的看法。

最后，虽然斯多葛学派并不相信存在真实的不幸，但基于对我们所做判断和所持观点的了解，他们完全理解为什么那些事情会让我们感到不幸。而且，正如塞涅卡所指出的，有些事情造成的情绪冲击不避免。这些反应是自然的、本能的，而不是基于人们的看法。但即使在这种情况下，也仍然有可能减少心理影响，防止这些情绪冲击发展成某种更严重的东西。

对于某些情况，比如对贫困的恐惧，塞涅卡提倡采取特定的练习，以学习如何减轻或消除恐惧对我们的控制，并为不幸或情绪痛苦的感觉到来有所准备。我们将在本书的其他部分来看看这些练习。事实上，塞涅卡经常建议我们提前考虑所有可能影响我们的逆境。这样的话，如果不幸真的发生了，我们已经在精神上做好了准备，不幸的打击就会减轻。但对塞涅卡来说，预见将来可能发生的不幸甚至演练如何应对，并不是一种担忧或恐惧。这是一种冷静、理性地考虑可能发生的事情的方式，以消耗它们一旦发生时所造成的情绪影响。（这也类似于现代心理学家使用的一种技术。）

虽然这样做需要意识和练习，但当一种对未来的担忧刚刚出现时，我们可以质疑它，分析它，并有意识地决定回到现在，活在当下。在塞涅卡看来，活在当下，并不只是某种心理解决办法——它是过上完整的人类生活所需要的关键要素之一。

发现当下的自己

当下本身不会让任何人痛苦。

——塞涅卡,《书信》5.9

你想知道为什么人们对未来很贪婪吗？这是因为还没有人找到自我。

——塞涅卡,《书信》32.4

一旦你活在当下,你就已经发现了自我。你将依照真实自己的核心,也就是你最重要的自我而活。

依从你的内心,活在当下,对将来的状况或外部事物不存奢求,是斯多葛学派获得幸福或快乐的关键之一。全心投入到当下,依从内在的自我而活,我们就会感到欣喜、快乐和完整。用一个比喻来说,灵魂开始像太阳一样发光；只要我们能保持这种"我在"和自足的感觉,太阳会继续照耀。这并不意味着不会有外部干扰,但这些干扰会像飘浮在宁静而灿烂的太阳下的云朵。这些乌云飘过,不会改变或干扰太阳或它的光芒。

太阳和云层的形象出现在塞涅卡的两封信中,在这两种情况下,太阳和它的光芒都代表着持久的善、美德和快乐:他写道,我们所经历过的任何逆境或焦虑,"威力就如云朵之于太阳"。同样,当我们体验到真正的快乐,"即使有东西阻碍了它",它也只不过像云朵一样,"从下面经过,永远都不能掩盖白天的光明"。

我发现这种象征性的形象很强大,给了我一种评估我的精神或心理状态的个人方式。我是否拥有太阳内在的宁静,在当下这个时刻闪耀,外部干扰就像在我的道路上飘浮而过的无害的云朵?我是否正在体验一种快乐、不受干扰的状态,心理焦点准确无误,而不是在担忧将来可能根本就不会发生的想象中的事情?

如果我的内心不集中,不感到敞亮和快乐,我可以回想并体会塞涅卡描述的太阳形象。然后,回到光芒四射的现在就变得容易了。

最后,塞涅卡谈到并且以太阳作象征的"完整而永恒的快乐",是斯多葛学派实践的副产品,全身心投入当下是一种短暂地获得这种引人入胜感觉的办法。而要让它变成持续状态——或尽可能恒定,因为没有人是完美的——其途径就是通过美德即个人内在品质的发展和斯多葛正念的练习。它让斯多葛主义者能够体验到心灵的平静,不管生活给我们带来了什么样的麻烦。

第四章

愤怒的问题

一种短暂的精神错乱

我不想承认,但是,像塞涅卡一样,我不是一个完美的人。我的性格缺陷之一是,我过去有时脾气很坏。并不是说我总是无缘无故生气,而是偶尔会有事让我大发雷霆。

好消息是,我现在很少生气,我把这归功于对斯多葛主义的研究,尤其是塞涅卡,他在作品里深入探讨了有关愤怒的话题。

对斯多葛学派来说,愤怒(他们的意思是暴怒)是极端负面情绪中最糟糕和最具毒性的情绪,他们称为"激烈情绪"。

事实上,在塞涅卡最令人难忘的描述中,他称愤怒是"一种短暂的精神错乱"。

为什么愤怒如此可怕、如此具有破坏性?它是如何产生的?更重要的是,我们如何从一开始就阻止愤怒在心里扎根?

要回答这些问题,塞涅卡几乎是一个完美的指南。他非常重视愤怒的问题,并写了一本长书《论愤怒》,分为三个部分。这是从古代流传至今的最深刻的斯多葛哲学著作,塞涅卡提出的关于愤怒管理的建议完全适用于现在。事实上,现代斯多葛派哲学家马西莫·匹格里奇指出,如果你阅读美国心理学会关于如何管理愤怒的网页,其中大部分内容都与你在塞涅卡关于愤怒的书中找到的建议一致。[1] 有些事情似乎永远不会改变。

塞涅卡说极端的"愤怒是一种短暂的精神错乱",他并不是在打比喻。事实上,他想给读者留下深刻印象,了解人类受到愤怒控制的时候,是如何像疯子一样行事的。

在《论愤怒》的开头,他写道:"你只需要看到那些被愤怒抓住的人的症状,就能知道他们疯了。"为了证明这一点,他做了生动而令人信服的描述:

> 一个疯子的标志很清晰——大胆和威胁性的表情,紧皱的眉头,狂野的脸,急速的脚步,乱动的双手,不同平日的脸色,急促猛烈的呼吸——愤怒的人的外貌也是一样的:眼睛放光冒火,满脸通红,血液在内心深处沸腾,嘴唇颤抖,牙关紧咬,头发竖立,呼吸刺耳嘈杂,关节因扭动而咔嚓作响,他或呻吟或咆哮,语不成句,

含混不清，他又拍手又跺脚，在将愤怒的威胁之词付诸行动的时候，整个身体都变得狂暴。这是如此丑陋和可怕的表现，当一个人因愤怒而扭曲和膨胀时，你说不出这个恶行是更令人反感还是更毁人容颜。

塞涅卡写道，巨大愤怒的结果是疯狂，我们应该避免它以保持理智。在其他地方，他指出，如果一个狂怒的人外表如此可怕，他的内心看起来会是什么样子呢？

塞涅卡说，一些经历过极度愤怒的人再未恢复理智。他称愤怒是"最大的邪恶"，也是"一种超越所有其他恶行的邪恶"。其他的恶行——比如恐惧、贪婪和嫉妒，只是"挑衅"心灵，愤怒则将其"推翻"。其他的恶行反抗理智，愤怒则破坏理智本身。其他恶行是"温和地进入我们头脑，在未被觉察的时候越来越强"，愤怒却让我们的头脑"一头扎进其中"。

充满敌意的火焰：
愤怒的毁灭性影响

愤怒对于那些落入它罗网的可怜虫来说已经够糟糕的了，但对于那些受到愤怒攻击的人来说可能会更糟。塞涅卡请我

们考虑愤怒的破坏性后果:

> 如果你想看看它的毒害,那我告诉你没有一场瘟疫让人类付出的代价比它更大。你会看到大屠杀和投毒,法庭争讼双方的恶斗,城市的沦陷和整个国家的毁灭。你会看到优秀公民在公开拍卖场被卖为奴隶。你会看到房屋被付之一炬,大火吞噬城墙,导致全国大片地区燃起敌意的火焰。

这还不是全部。愤怒会导致一些父母对孩子发出死亡威胁,反之亦然。它摧毁家庭,让一些人陷入贫困,鼓励人们把他们的朋友变成敌人。愤怒是最坏的罪恶,因为它超过了所有其他恶行。塞涅卡这样说的意思是,愤怒以它推翻心灵的同样方式打倒其他恶行。当一个人被极度愤怒的魔力完全控制的时候,愤怒就占据了至高无上的位置。

愤怒来自一种"我受到了伤害"或"我被冤枉了"的头脑判断,一旦这个判断被完全接受,愤怒就会寻求报复或惩罚,作为一种"讨还"公道的方式。"认为它应该在人类和平的心中找到一个安放的位置,"塞涅卡写道,"这与我们的本性是相冲突的。因为人类的生活建立在善良与和谐基础上,通过相互友爱而不是恐怖威胁彼此联系在一起，形成契约并开展公共援助。"

在塞涅卡看来，愤怒绝对是人类最糟糕的情绪。但是为什么呢？

"愤怒的问题在于，"塞涅卡写道，"它拒绝受到控制。如果真相似乎与它相矛盾，那么它就会对真相本身大发脾气。它大喊大叫，举止疯狂，全身颤抖，用虐待和诅咒来打击自己的目标。"

塞涅卡问道，一个人生气的时候，把桌子推翻或把杯子砸碎有什么意义呢？更奇怪的是，人们有时会对着无生命的物体发泄盛怒。当一个工具不能正常使用的时候，如果它甚至感觉不到人的愤怒，那么把它扔在地上并咒骂有什么意义呢？

大多数人因为从来没有真正想过，认为愤怒是一种自然的情绪，在某种程度上是不可避免的。塞涅卡写道，正因为如此，有些人相信在公共场合表现他们的愤怒是好事，因为它显示了他们的"坦诚"和真实，没有试图隐藏他们个性的任何部分。

然而，斯多葛学派的看法却完全不同。他们相信，极端的愤怒是可以避免的，而且可以一开始就不允许它产生。因为强烈的愤怒基于错误的心理判断，一个睿智的人可以通过培训和练习避免做出那些错误的判断。

"感觉"与"激情"：
斯多葛派的情绪理论

愤怒或其他极端情绪最初是如何产生的？

根据斯多葛学派的观点，如果我们能了解这个问题的答案，就有可能在负面情绪出现之前消除它们。当然，没有人说这很容易。它可能需要长时间的教育和培训，需要具备相当高的自我认知能力。但根据我的经验，即使是学习斯多葛主义情绪理论，也能显著降低愤怒和其他消极情绪，改善一个人的整体情绪。

事实上，在几年前第一次阅读塞涅卡《论愤怒》后不久，我发现自己处于一种可能会变得非常愤怒的境地，并感觉到了怒火积聚的早期迹象。但在愤怒情绪有机会充分发展之前，我回忆起塞涅卡所写的内容，并能够在情绪形成之前对其进行解构。

正如我们所看到的，对斯多葛学派的一个常见误解是，他们体验不到感觉，或者他们压抑自己的情绪。事实并非如此。塞涅卡一贯指出,即使是斯多葛派的圣人也会经历正常的人类情感。像其他人一样,圣人不是"某种石头"。他或她会经历痛苦、悲伤和其他感觉。同样,艾比克泰德说,斯多葛学派不应该"像雕像一样无情"。马可·奥勒留经常写爱情,甚至在公共场合哭泣。斯多葛学派作为一个学派,以热爱人类而闻名。正如塞涅卡在作品里谈到斯多葛学派时所指出的,"没有一个学派比这个学派更仁慈、更温和、更充满对人类的爱、更关心人类共同利益"。

对斯多葛学派来说,最主要的人类情感是对他人的关怀和爱。父母自然会爱他们的孩子,而人类的爱将人们和社区联系在一起。要理解愤怒是如何产生的,以及如何战胜它,除了爱之外,我们还必须了解斯多葛学派明确界定的三种不同情绪:

第一种:感觉。第一种情绪被称为"第一感觉"或"原始情绪"(希腊语 Propatheiai),是每个人都能体验到的,包括自发的、本能的反应。这些反应包括脸红、性唤起、如果有人偷偷走到你身后会感到震惊、怯场、在悲伤的时候表情改变等。在本书中,我们将这些称为感觉或自然的人类感觉,这是每个人都经历过的,包括斯多葛派圣人。重要的是要注意这些感觉是非自愿的，它们自生自灭。而且，这些感觉无关道德。因为它们超出了我们的控制范围，所以它们对我们的品质没有积极或消极的影响。

第二种：负面情绪。 接下来的这类情感由上面提到的感觉而来，被称为"激烈情绪"。这些都是负面情绪，如愤怒、恐惧、贪婪、嫉妒等。在本书中，我把它们称为负面情绪、极端负面情绪或不健康情绪。这些负面情绪产生于心理判断，但这些判断是误解或错误。因为它们是基于错误的信念，所以对我们的品质有害。换句话说，它们是恶习。

第三种：好的情绪。 第三种也是最后一种情绪是"好的情绪"。在本书中，我们将它们称为好的情绪、健康情绪或积极情绪。这些包括愉悦、快乐、和蔼、善意以及各种友谊和爱。正如消极情绪一样，积极情绪也是基于心理判断。但好的情绪是基于理性和准确的判断，而负面情绪是基于错误的判断。正如你可能想象的那样，好的情绪不是无关紧要的，更不是坏的，而是对我们的个性和品质有益的。

就是这样：对于斯多葛学派来说，感觉就是感觉，无所谓好坏，每个人都经历过。健康的情绪是好的，基于合理、准确的判断。在斯多葛学派眼中，真正的敌人是极端消极的情绪或激烈情绪，它们建立在错误看法的基础上，对一个人的内在品质有害。塞涅卡在其著作中基本完整总结了斯多葛学派关于消极情绪的观点。他写道："任何被激烈情绪奴役的人都生活在暴君统治之下。"

如果你生活在消极情绪的暴政之下，你将永远不会体验到心灵的平静，因为你的心灵不由你自己控制。它受到其他事物的控制：错误的判断或看法，导致你以有害和自我毁灭式的方式行事。塞涅卡所说的"愤怒是一种暂时的疯狂形式"，适用于所有的激烈情绪或极端消极情绪。用斯多葛学派学者约翰·塞拉斯的话说，它们就像"小的精神毛病"控制着我们的思想。只是愤怒是其中最强大的。[2]

一种激烈情绪基于一种判断是什么意思？让我们以贪婪为例说明。在斯多葛主义者看来，一个饱受贪婪之苦的人会同意这样的判断：拥有大量金钱不仅是一种可以获得的优势，而且对人生幸福至关重要。归根结底，这是基于一种广泛的社会信仰，就像许多其他错误观点一样，是"关于外部物体价值的根深蒂固的错误"。引人注目的是，斯多葛学派是第一批深入探讨社会环境对我们内在发展不利影响的思想家。

作为一个思想实验,让我们再想象一下,有一天我的朋友迈克在城里散步,注意到街对面有一个非常漂亮的女人。迈克可能会想:"哦,她可真漂亮!"也许他感到自己的心开始融化,但他脚步未停,很快就忘记了她。对于斯多葛主义者来说,这只是一种正常的感觉,仅此而已。但是,如果迈克看到这个美丽的女人后对她着了迷,心想"没有她,我永远都不会幸福!",那将是一种全面迸发的激烈情绪,即负面情绪,因为它不再只是来自一种感觉,而是来自一种错误且可能有害的判断。

这使我们现在能够理解愤怒和其他负面情绪是如何产生的。

塞涅卡绝不是第一个在作品中探讨这个过程的斯多葛派哲学家,但他是我们唯一最重要的来源,因为更早的著作已经丢失了。

正如塞涅卡告诉我们的,愤怒本身总是基于两种心理判断。第一个判断是"我受到了伤害"或"有人对我不公"。第二个判断是"如果我受到了伤害,我应该通过报复或惩罚来寻求补偿"。如果这两个判断结合起来，结果很可能表现为极端愤怒。

塞涅卡详细解释了极端愤怒是如何通过三个步骤而产生的。他的解释是第三章中讨论的情感 ABC 理论的写照：

> A. 在第一个步骤或"动作"中，有一种不自觉的行为，即一种自然的、本能的感觉。这种自然的感觉是一种原始的激情，也是对更糟糕的事情可能发生的一种警示。塞涅卡将这种原始感觉称为"震动""骚动""最初的心理活动"。这不是一种激烈情绪，而是一种可能转化为激烈情绪的印象或感觉。在愤怒的情况下，首先两种不自觉地浮现在脑海中的印象是"我觉得受到了伤害"和"我觉得我应该报复。"
>
> B. 在第二个步骤或动作中，精神判断出现了："我受到了伤害，我应该伺机报复。"
>
> C. 在第二个步骤或动作中，有人对上述判断表示赞同，于是一切都乱套了，因为理性已经被推翻和压制：愤怒爆发并掌握了控制权，寻求报复。此时，要从愤怒中退缩为时已晚，因为头脑已经"越过悬崖"，失去了控制。短暂的精神错乱开始了。

怎样克服愤怒

如果我们看看愤怒形成的三个步骤,就会明显发现,阻止愤怒的唯一方法是在前两个阶段。到了第三阶段已经太晚。让愤怒管理变得困难的是,这三个心理活动出现得太快——有时就在瞬间。如果你仔细研究塞涅卡对这三个步骤的解释,并将其与你自己的愤怒经历相对照,我想你会发现他对这一过程的解释是正确的。但就实际情况而言,这三个步骤发生得如此之快,常常让人觉得难以区分。

因此,我们能做的最重要的事情是,当我们刚刚感觉到愤怒可能会来的时候,放慢它蔓延的进程。塞涅卡解释说,产生愤怒最初的心理活动不能被理性控制,因为它们是本能的感觉。然而,"保持练习和持续的警觉会削弱它们"。

一旦达到第二步,判断或审视就开始了,这是理性在发挥作用;正如塞涅卡所指出的,只有理性的力量,或者良好的判断,才能消除坏的判断。

塞涅卡一次又一次地指出,战胜愤怒最有力的工具是拖延,以减缓全部三个步骤的进程。这让我们有时间介入并理性分析任何错误判断:

> 治疗愤怒的最好方法是拖延。从愤怒一开始就要求它放慢进程。这样做不是因为它会原谅,而是因为它会进行评估。虽然愤怒最初的攻势很猛,但如果被迫等待,它将撤退。但不要试图一下子毁掉它。如果一点一点地消磨,它就会被击败。

他还这样说:

> 愤怒源于一种你受到了委屈的信念,你不应该只看表面就轻易接受。你应该推迟判断,即使它看起来很清楚很明显,因为有些虚假的事情看起来似乎是真的。我们必须始终留出一些时间:一些用来揭示真相的时间。

从这个学派成立之初,斯多葛派就强调对呈现在我们脑海中的"印象"进行分析是多么重要。就像塞涅卡在上面的引文中所说的那样,它警告我们不要仓促作出判断,因为"印象"可能是骗人的。事实上,艾比克泰德说"对'印象'进行审视是哲学家唯一重要的任务,除非经过仔细的审视,否则任何'印象'都不应该被接受"。

关于一个斯多葛主义者应该如何阻止愤怒发展成全面开

花的负面情绪,以下一段话对此做了完美的总结,人们认为这是心理学家维克多·弗兰克尔说的:"在刺激和反应之间有一个空间。在这个空间里是我们选择反应的力量。我们的成长和自由存在于我们的反应当中。"

尽管维克多·弗兰克尔从未说过这样的话,它似乎来源于心理学家罗洛·梅的一段话,但是斯多葛学派会支持这些说法,而不管是谁说的。这是罗洛·梅那段文章的原文:

> 人类的自由包括我们具有在刺激和反应之间做出停顿的能力,并且在停顿中选择我们希望能施加影响的反应。在这种自由基础之上创造我们自己的能力,与意识或自我觉察是分不开的。

这就是为什么塞涅卡说治疗愤怒的最好方法是拖延。用斯多葛学派的术语来说,"刺激"是一种"印象"。我们需要停下来,仔细对印象进行审视,然后决定或"选择"它们是否应该被接受。

在塞涅卡和斯多葛主义者看来,重要的是,如果不是头脑首先同意一个印象,然后接受一个错误的心理判断,那么极端的消极情绪就不会产生。通过暂停,可以对印象质疑。

在心理判断或信念被头脑接受之前,对它们质疑。用斯多葛主义心理学的话来说,这是阻止愤怒的最佳方式,因为正如塞涅卡所指出的那样,愤怒"只有在头脑的认可下才会行动"。简言之,只有在我们确定愤怒是正当的时候,愤怒才会出现。

幸运的是,愤怒最初的感觉是对危险即将到来的明确警示,就像症状出现在疾病之前,雨的迹象出现在暴风雨之前一样。塞涅卡建议道:

> 最好的办法是从一开始就拒绝愤怒的第一次挑衅,抵制其最初的苗头,尽一切努力避免陷入其中。如果它开始引导我们偏离正轨,回到安全的道路就变得陡峭,因为一旦愤怒得以扎根,理性就会消失,我们将决定赋予愤怒一切权威。然后它就会做任何它想做的事情,而不是我们允许它做的事情。我认为,从一开始就必须把这个敌人阻止在远离城门的地方:因为一旦它冲进城门里,它就会无视俘虏要求它克制的每一个请求。

正如他在一封信中所指出的,"每一种消极情绪起初都是脆弱的。但随着情绪的发展,它会自我激发并增强力量。它

在开始时更容易被排斥,后来要驱除就难了"。如果我们严格遵循斯多葛主义情绪理论,两种基本的愤怒管理技巧会脱颖而出:

1. 退后一步。在一开始就阻止愤怒的最好办法是,注意到"我被冤枉了"的第一感觉或印象,然后暂停一下,给它们平息的时间,而不要认同它们。美国心理学协会也推荐这种技术。心理学家今天称为拉开认知距离,它可以有多种不同的形式。

很久以前,我当时的女朋友使用了这种技术,她这么做是件好事,因为她是一位训练有素的运动员,获得了空手道黑带五段。虽然她身材娇小,但作为一名武术家,她肌肉发达,凶猛异常,毫不夸张地说,她可以赤手空拳杀死任何人。

有一天我们一起在我家,记不起我说了什么,但她感到有些恼怒。在那一刻,她用不带情绪的平静口吻向我解释说:"对不起,大卫,我需要离开一两个小时冷静下来,因为如果我发脾气,你的身体会有极大的危险,我可能会杀了你。"就像真正的专业人士一样,她接受过针对这类时刻的训练。尽管她感到内心有什么东西正在涌动,但她还是不带一丝愤怒地说出了这些话。

当然，我很感谢她拥有这种了不起的自我觉知，也感激她没有杀我。她回来时一切都很好，像往常一样镇定自若。这是我们之间唯一一次发生这样的事情，也许是因为这让我受到了警告！

2. 重构你的看法。如果不断增长的愤怒感已经超越了仅仅是"第一感觉"的阶段，那么在你得出"报复是正当的"这个结论之前，是时候质疑你的判断和看法了。这是在最终判决形成之前后退一步的另一种方式。同样，美国心理学协会推荐了这项技术，我甚至从他们的网站上盗取了"重构你的看法"这句话，只是为了说明塞涅卡的心理洞见为什么能超越时代。

正如我们所看到的，在真正的愤怒爆发之前，最后一步是作出"我被冤枉了，所以复仇是正当的"这一判断。因此，你显然应该在让这一判断站稳脚跟之前运用一些批判性思维，在可能的情况下摧毁错误的信念。美国心理学协会在"认知重建"的标题下告诉我们：

> 逻辑能战胜愤怒，因为愤怒，即使是正当的愤怒，会很快变得非理性。所以，对自己使用冷硬的逻辑。提醒自己，这个世界"不是为了捉弄你"，你只是在经历日

常生活中的一些坎坷。每次你感到愤怒正在占据内心时都要这样做，这会帮助你获得更平衡的视角。愤怒的人往往会要求一些东西：公平、欣赏、同意、按自己的方式做事的意愿。每个人都想要这些东西，当我们得不到时，都会受到伤害和失望，但愤怒的人会要求得到它们，当他们的要求得不到满足时，他们的失望就会变成愤怒。

说得好，美国心理学协会！听起来像个真正的斯多葛主义者！只有一句关于愤怒有时是"正当的"的暗示是塞涅卡所极力反驳的。事实上，塞涅卡和其他斯多葛学派认为，智者永远不会受到任何琐事的伤害。用艾比克泰德的话说，"没有人会伤害你，如果你不认为那是伤害的话；只有当你认为自己受到了伤害时，你才会受到伤害"。或者正如马可·奥勒留所说："放弃评判，你就会得救。那么，谁在阻止你去放弃它呢？"这两句引言都有助于克服你受到了伤害的看法。

重构你受到了伤害的看法的另一种方法是发挥幽默。许多让人生气的事，从事情总体来看是毫无意义的，所以嘲笑一些琐碎的事情或者把它变成一个笑话是没有害处的。一天，当苏格拉底走在街上时，有人打了他的头。他只是回应道："这太糟糕了，现在你出去散步都不知道什么时候要戴头盔。"

除了这两个核心技巧,塞涅卡还提到了其他许多避免愤怒的方法。如果你有兴趣了解更多,我强烈建议你阅读他的《论愤怒》一书。我在这里列出几个,他在书中对此进行了深入的描述:

- 意识到人们往往不知道自己在做什么,而且做错事,所以不要把他们的行为看得太严重。
- 宽宏大量:以高尚的精神,超越被琐事伤害的感觉。鄙视他们,认为他们不值得你注意。
- 仔细观察愤怒极端丑陋的面目,以及它的危险。这将强力遏制愤怒的发生。(这就是为什么塞涅卡对愤怒是多么丑陋做了形象的描述。)
- 与性情好的人交朋友,他们不可能让你生气,也不可能忍受你的愤怒。性格有缺陷的人更容易激怒你,对你产生消极的影响。
- 不要让自己精神或身体筋疲力尽,这会让人容易烦心和愤怒。
- 如果感觉到压力,考虑做些放松的事情来平静头脑，比如演奏音乐。

- 因为每个人都是不同的，所以要了解自己，知道什么会让你生气。一旦你了解了自己的弱点，就不要让它们暴露在可能让你心烦的事情中。
- 没有必要听到所有的事情，也没必要看到所有的事情。你只需不去关注它们，就可以避免很多烦人的事情。（这在互联网时代尤其有价值！）
- 不要抱有虚假的怀疑或夸大鸡毛蒜皮的事。
- 原谅他人，甚至全人类，因为你也不是完美的：我们在他人身上发现的缺点也存在于我们自己身上。
- 记住，如果有人开始让你生气，你可以稍等片刻：死亡最终会让我们人人平等。因此，与其生气，不如把注意力集中在更重要的事情上。

正义不掺杂愤怒

在我们这个时代，人们在社交媒体平台上发泄自己所有的愤怒是一种时尚，可能会令一些人震惊的是，塞涅卡认为极端愤怒从来都不是正当的，因为它从来没有带来任何好处。亚里士多德认为，如果受到控制，适度的愤怒是可取的，因为愤怒可以激励士兵去战斗，激发人类去行动。但塞涅卡巧妙地驳斥了这一观点，指出真正的愤怒或暴怒是一种永远无法变得适度的恶习。此外，愤怒破坏了我们的理性，从而破坏我们作为真正的人发挥作用的能力。但塞涅卡的最后一击是推翻了愤怒可以提高士兵表现的观点。他提出了一个问题：如果愤怒可以帮助士兵更有效地战斗，为什么我们不再进一步让他们喝醉，让他们更猛烈地挥舞武器？至少在我看来，辩论胜负已定。

塞涅卡充分认识到，我们的世界每天都在发生可怕的不公平和不人道的事情。从一个方面来说，由于我们所处的时代，我们今天比塞涅卡更不幸运。今天，每当我们打开电视或报纸，就会看到各种骇人听闻的事，全球新闻媒体已经将把这些事注入我们的家庭和头脑变成了一个有利可图的产业。

由于不良行为比比皆是且不可避免，塞涅卡采取了一种合理的观点，认为一个聪明人永远不应该对每天遭受或听到的任何事情感到愤怒。塞涅卡认为，由于人类的仁慈和慷慨以及人类的理性，世界总体上是好的。但是他指出，有太多的坏事发生，如果每一个坏行为都让我们生气，我们就不得不每天、每时、每刻都生气。当然，这样的生活是无法承受的。

在塞涅卡看来，取而代之的是保持通情达理的态度。他说，实事求是来看，我们应该能够预期世界上会有很多品质恶劣的人。但改善世界的方法不是通过发挥愤怒的有害能量，而是通过发挥理性。对于斯多葛派来说，正确看待这个世界的方式就像一个医生预期每天都能见到一大批患者。正如塞涅卡所写：

> 智者面对别人犯错误时，在精神上是平静和平衡的。他不是犯错者的敌人，而是帮助犯错者康复。每天，他离开家时都会想："今天，我会遇到许多嗜酒成性的人，许多被欲望所征服的人，许多缺乏感恩之心的人，许多被贪婪所奴役的人，还有许多被野心的虚假承诺所迷惑的人。"但所有这些情况，他都会仁慈地对待，正如医生对待自己的病人一样。

看待世界的另一种方式，是像法官主持法庭一样运用理性和冷静的眼光，他有时被迫惩罚那些做错事的人。塞涅卡强调，法官绝不应该出于愤怒而惩罚犯错者，而是希望惩罚能激励他在未来成为更好的人。一个法官如果因为愤怒而惩罚某人，那就和醉酒时大摇大摆的武装士兵一样危险，一样不得人心。

尽管我们生活在塞涅卡之后两千年,但他为我们提供了一个良好的、现实的社会变革模式,因为他向我们展示了如何依靠理性来改善世界。极端愤怒不会增加正义或使世界变得更美好;它只会让世界更加悲惨,更加失控。斯多葛派认为,愤怒只会增加人类的痛苦。

第五章

无论你走到哪里,你都在那里:你无法逃避自己

> 那些匆忙穿越大海的人改变了他们的天气,但改变不了他们的思想。
>
> ——贺拉斯,信件 1.11.27

有一天,卢西利乌斯感到有点沮丧,想通过旅行让自己振作起来,就像今天很多人一样。他认为换个环境可能有助于改善他的情绪。不幸的是,这个计划失败了:卢西利乌斯的抑郁没有治愈。正如塞涅卡评论的那样,"你必须改变头脑,而不是改变地点",因为"不管你去哪里,你的错误会跟随你"。

好吧,这个想法到此为止!

我曾经经历过类似的事情。很久以前,我有机会与十几个朋友一起,在意大利文艺复兴时期的别墅——萨拉瑟诺别墅,由著名建筑师安德里亚·帕拉弟奥(1508年—1580年)设计——度过一周。我刚经历了一段充满希望的关系的破裂,仍能感到悲伤的刺痛。尽管如此,因为会住在帕拉弟奥设计的别墅(而且几乎不花什么钱),机会平生难得,我决定参加旅行。这是一次难忘的旅行，但当我一个人待在房间里时，我有时会哭出来，因为悲伤和失望一直伴随着我。

在与卢西利乌斯通信期间，塞涅卡经常变换住址，四处旅行，到乡下隐居。他在一封有趣的信中写到，他甚至发现自己住在罗马一个嘈杂的健身房和浴室上方。他妙趣横生地描述了人们锻炼时哼哼使劲的声音从下面飘到他的房间。我提到这一点是为了强调塞涅卡对旅行并不陌生，也不反对。塞涅卡认为每个人都需要一段时间的放松来释放头脑。他还认为，离开烟雾弥漫、空气污染严重的罗马是一个好主意，哪怕算不上是必要的医疗手段。[1] 如果塞涅卡认为旅行很好，那么他为什么要写这么多关于我们的内心问题如何伴随着我们，而且这个主题在他的作品中反复出现？

因为塞涅卡是一个斯多葛主义者，他的注意力集中在如何现实地改善我们的内在品质上。正因为如此，他反对人们通过简单的旅行可以改善他或她的精神状态这个观点，至少是反对这个办法可以持久地改善精神状态。无论我们内心遇到什么样的问题，它们都会跟着我们："错不在自己的环境，而在思想本身……他的病会如影随形。"他问，如果无论我们走到哪里，忧虑都会跟着我们，那"远离一切"会有什么好处？为了让大家明白这一点，他直截了当地指出："如果你想摆脱困境,你不需要去其他地方:你需要成为别人。"

塞涅卡在作品中探讨人们如何滥用旅行的方法时,他心里想到的是具有一种特定个性的人。这就是那些利用任何可能的消遣方式来避免面对自己内心的人——就像我们今天说的,为了避免他们需要"改进"的事情。心理学上的常识是,有些人总是保持忙碌或分心,以抵挡空虚、孤独或抑郁的感觉。因为我们生活在一个消费社会,所以人们将重点放在拥有外部事物、参与外部活动和实现外在成就上。相比之下,深入地审视自己,发现自己体会到的是一种空虚感,而不是丰盈笃定的内心,可能会让人感到很不舒服。斯多葛学派的观点并不是说外在的东西不重要,而是说真正的幸福和心灵的平静源自内心。因此,那些未能培养内在品质的人不可能真正快乐。

就像"心不在焉"或"心事重重"的人四处奔波,滥用时间的礼物一样(第二章),专注琐事的人也滥用旅行的礼物,以避免培养他们的内在自我。正如塞涅卡尖锐地指出的那样,"如果你总是选择偏远的地方去追求休闲,你到处都能发现分散注意力的来源"。

最后,他想知道,如果每个人都试图逃离自己,但又无处可逃,逃离又有什么意义?

确定真正的目的地

除非心灵停止徘徊，否则它是不会安定的。

——塞涅卡，《书信》69.1

对塞涅卡来说，拥有一个真正的目的地至关重要。有了真正的目的地，你就有了专注点、恒心和你不断接近的目标。与之相反的是缺乏专注点与恒心，漫无目的地游荡。当你有了一个真正的目的地，你就真切知道你活着是为了什么。但对于一个漫无目的游荡或只是对接下来发生的事情做出反应的人来说，情况并非如此。

我们可以看到，拥有一个真正的目的地与斯多葛主义是"一条道路"的理念（在第一章中探讨过）如何完美地联系在一起，因为道路的存在就是为了带你到达某个地方。塞涅卡一再用拥有真正目的地与漫无目的地游荡的说法来对两种观点进行对比绝非偶然。这是一个精辟而有意义的比喻，用来解释他对斯多葛主义的总体理解，说明专注和恒心在进步中的重要性。

这对塞涅卡来说到底有多重要，在他给卢西利乌斯的第二封信的开头就可以看出。换言之，塞涅卡在很早就提到了关注和"不游荡"的话题：

信件 2
塞涅卡致卢西利乌斯，问候语

基于你的信和我听到的，我对你充满了希望。你没有在四处奔波，也没有让频繁的地点变动打扰你。那种骚动不安是精神不健康的表现。在我看来，头脑稳定的第一个证明是它能够待在一个地方并享受自己的陪伴。

塞涅卡然后突然改变话题，谈论选择和阅读正确的书籍，讨论"不游荡"在阅读中的重要性："如果你想吸收一些能牢固地在头脑中扎根的东西，"他说，"你必须与一些精心挑选的思想家生活在一起，并从他们的作品中得到滋养。到处游荡的人无处可去。那些经常在旅行的人最终会结交许多熟人，但没有真正的朋友。"

用这种方式，塞涅卡向我们展示了游荡对旅行和阅读的危害在于没有真正的目的地。当然，能够进入一个拥有数千本书的研究图书馆可能是有用的。但是，要成为一个智者，深入吸收一些可靠和成熟的作家的思想是必不可少的。正如塞涅卡所建议的，"学习不是为了了解得更多，而是为了了解得更好"。

在阅读和旅行中,你都需要一些注意力和目的。你不应该游来荡去。正如他所说,经常在旅行的人有很多熟人,但没有真正的朋友,这话毫不夸张。例如,我认识和接待过一些数字游牧民,他们经常在世界各地旅行,用笔记本电脑工作。虽然这对一些人(尤其是夫妻)来说效果不错,但经常外出无法建立持久的友谊——以及它所滋生的孤独——对许多人来说是个问题。

塞涅卡写道:"沿着一条道路前进的人有自己的目的地,但游荡是无止境的。"虽然旅行很好,但不断旅行的欲望是"不安"或"精神不稳定"的表现。"当你进步时,"塞涅卡告诉卢西利乌斯,"首先要努力与自己保持一致。"因为"目标的改变表明思想在海上漂流,就像被风吹着一样"。(见图3)。

斯多葛主义者	典型的非斯多葛主义者
带着目的旅行	没有路线的游荡
专注,有恒心	缺乏专注与恒心
安定,冷静。 活在当下。不怀焦虑,预期未来	感觉不安定。 努力逃离。担忧未来
有一个可以引导的目标	被机会的风吹到各个方向
意识到不幸福由我们对事情的看法引起	认为别人或外部事物让我们不幸福
知道怎样避免或解构极端负面情绪	经常体验极端负面情绪不知道原因
克服逆境,将其转化成为积极或令人赞叹的事情持续前进	受到逆境与沮丧折磨感到受挫
对宇宙心存感激	经常抱怨
通过学习如何做出可靠的心理判断,走在通往自由与宁静的道路上	受到错误看法的奴役,产生负面情绪与痛苦

图3:塞涅卡描述斯多葛派与典型的非斯多葛派的区别
包含了与旅行相关的比喻

例如,如果我正在全心专注于一个项目,我可以上网,在网上查找一条信息,然后立即回去工作。但如果我没有这种专注力,我可能很容易四处浏览,然后是看脸书,然后是

YouTube，游荡几个小时。偶尔这样做当然是无害的，但每天如此，将其当成一种拖延的方式，可能表明出了什么问题。拖延往往是人们发现自己的工作没有成就感的迹象。在这种情况下，如果可能的话，考虑找一些更令人兴奋的工作。

虽然塞涅卡提倡专注和有目的，但他肯定不是那种不快乐的"只工作不玩耍"的人。有闲暇时间是他非常重视的事情。他甚至写了一本《论休闲》的书，你今天仍然可以读到。塞涅卡的兴趣包括葡萄栽培，所以他一定是一位酿酒师。虽然他在晚年戒了酒，但他提倡一些人喝酒，甚至到醉酒的边缘，因为葡萄酒可以让大脑释放压力。

对塞涅卡来说，有闲暇时间是生活中最美好的事情之一。但是，只有当头脑稳定且成熟到可以真正享受的时候，休闲才是令人满足的。这就是为什么塞涅卡认为哲学是过上幸福生活的重要伴侣。例如，一位智者能够旅行并从中获得一些深刻的东西，因为他或她的头脑已经为旅行体验做好了准备，而其他人只是"踏上一段又一段旅程，交换一个又一个奇观"。在深度享受方面，你能从生活中得到什么取决于你能给生活带来什么。

一位智者或者受过训练的斯多葛主义者应该有一个平静而稳定的头脑，但是很多人骚动、不满、不安，容易被激怒。

哲学家和历史学家马克·霍洛切克在撰文谈到塞涅卡的思想时，对为什么骚动不安的人认为旅行会改善他们的情绪状态提供了重要的见解。这与期望有关，"希望明天会比今天好"。他解释说，期望通常是痛苦和欲望结合而生，痛苦是指现在有某种疾病存在的感觉，而欲望来自"感觉某种美好的东西潜伏在地平线上等待取代疾病"。总之，如果我们能"到达那里"，情况会更好。

虽然塞涅卡认为有些地方不健康（想想春假期间的海滨城镇），他说："我们应该抱着这样的信念生活：'我不是为一个小角落而生的，整个世界都是我的家园。'"与其他罗马斯多葛学派一样，塞涅卡认为，一个人几乎在任何地方都可以快乐，即使受到流放。"一个人的居住之地对安宁没有多大贡献。是心灵让一切变得宜人。我在舒适的别墅里见过忧郁的人，也见过在完全与世隔绝的环境中快乐工作的人。"

旅行有可能帮助一些人消除对生活的不满，因为他们相信其他地方的情况会更好。但是，这种信念更可能是一些心理学家所说的"草更绿综合征"。这个术语来自"篱笆另一边的草更绿"的说法。虽然这不是一个正式的心理诊断，但它的确真实存在，解释了许多亲密关系失败的原因。因为当关系结束时，有人经常相信，"我和别人在一起的生活会更好"。

因此，他们不去浇水或照料已经拥有的草坪，而是觉得其他地方的草坪似乎更合意，或者更绿，尽管这通常不过是一种幻觉。

有时，其他地方的草坪的确可能更绿，而另一块草坪可能是真正的目的地。但经常因期待而痛苦的人总是可能感到失望和不安，因为无论他们走到哪里，他们自己也在那里。因为你无法逃避自己，心里不快乐的解决办法通常在于内在。

有一个可以引导的目标

对塞涅卡来说，有目的地等于有一个有指导性的目的，这才是研究斯多葛哲学的真正意义所在。

塞涅卡提倡"一种沿着单一道路前进的稳定而平静的生活方式"。但是，正如他所说，许多人从一个目标跳到另一个目标，不断改变他们的计划。就像机会之风把他们吹到东又吹到西。"只有少数人，"他说，"他们通过一个指导性的目标来规划自己的生活和事务。"其余的人则像激流中顺流而下的物体，一路被裹挟而行，有时剧烈动荡。他写道，取而代之的选择是"我们应该决定我们真正想要什么，并坚持这个决定"。

他说，人之所以犯错误，是因为他们只考虑部分生活，而不是考虑其整体。同样地，就像弓箭手有标靶一样，我们也应该有一个总体的人生目标。正如他在一句令人难忘的话中所指出的："一个人如果不知道他航行的目标港口，没有什么风是有利的。"换句话说，没有目的地，人们的生活就被偶然所支配。

幸运的是，塞涅卡相信罗盘确实存在，可以安全地指引我们。这个指南不是宗教，不是启示录，也不是任何外在的东西，而是我们自己清晰思考的力量："无论何时你想知道寻求什么或避免什么，都要关注你的最高利益，这是你整个生活的目标。"因为我们所做的一切都应该与之和谐。

虽然"一个人应该按照自己的最高利益生活"在我们现代人听起来可能有点奇怪，但对罗马斯多葛主义者来说，这是完全有道理的。他们确切地知道对他们来说最高利益是什么，就是永远努力让你的生活与智慧、勇气、节制和正义这四大基本美德保持一致，拥有卓越的品格，以一种高尚和理性的方式生活。

第六章

如何战胜逆境

转瞬消失的城市

公元64年夏天,塞涅卡从朋友那里听到了一些可怕的消息。罗马殖民地卢格杜努姆——今天的法国里昂——突然在一场怪异的火灾中被夷为平地。更令人震惊的是,这座城市在几分钟内就被摧毁了。塞涅卡称这场大火"出乎意料,闻所未闻,因为这是前所未有的"。正如他所指出的那样,火灾如此猛烈地吞噬一切,以至于什么都没有留下,实属罕见。

塞涅卡用了整整一封信,即信91,来讨论里昂被大火摧毁的事情。就其所唤起的强烈情感而言,这是他最引人注目的作品之一。他怀着强烈的感情提到人类和大自然创造的一切事物的脆弱性,以及事物如何几乎在瞬间就转变为它们的对立面。和平变成战争,风平浪静变成可怕的风暴。繁荣沦为贫穷,健康变成疾病。毕生成就可能在一天之内失去。一小时足以摧毁一个帝国。"现实情况是,"他写道,"事情发展起来很缓慢,但毁灭之路来得很快。"

这场大火蔓延得如此之快,如此出乎意料,这座城市根本没有机会幸存。但不幸并不罕见。它注定会打击我们所有人。

虽然所有的罗马斯多葛学派都写过如何应对逆境,但塞涅卡是这个主题的大师。他在数百页的篇幅中广泛地论述了这一问题。"当坏事发生在好人身上时,我们应该如何应对?"这个问题永远不会过时,因为必须面对逆境是人性的一部分。即使是我们当中最富有和最尊贵的人也无法避免痛苦、偶尔的不幸,以及事情出错的遭遇。事实上,塞涅卡关于逆境的睿智教导极大地促进了他的作品在今天的流行。在新冠病毒肆虐、全球范围都在封锁期间——我这本书的一部分是在此期间写成的——由于世界经济停滞的影响,许多书的销量急剧下降,但在流感大流行的第一个高峰期,塞涅卡的《斯多葛主义者来信》的销量比平时高出747%。在这段高度紧张的时期,塞涅卡关于如何在逆境中平静生活的教导吸引了许多新读者。

美德与平静：斯多葛主义者面对逆境发现好的方面

不求苦难，但求使你能忍受苦难的美德。

——塞涅卡，《书信》15.5

我们生活在一个不可预知的世界——一个我们都将经历逆境、苦难和痛苦的世界。那么，斯多葛主义者如何过上平静幸福的生活呢？

基于常识，斯多葛学派知道逆境和苦难只是生活的一部分，所以他们开发了预测和应对这些不可避免的经历的方法。而最重要的是，他们看待世界的基本方式，消除了大多数人在不幸遭遇时所感受到的情感刺痛。换句话说，斯多葛学派学会了如何以一种与普通人稍有不同的方式看待世界，从而减轻了苦难带来的痛苦。

从根本上来说，斯多葛学派相信，一个拥有成熟品质的人能够以愉快或快乐的心情忍受逆境。正如我们在第四章所看到的，这并不意味着斯多葛主义者不会体验正常的人类情感，但他们追问道，我们如何看待这个世界，以防止这些感觉变成极端消极或令人衰弱的东西呢？

我们可以在本书导言中简要提到的两个斯多葛学派的关键思想中找到答案。斯多葛学派的第一个信念是，美德——即内在的卓越——是唯一真正的好东西。第二个信念是，有些事情"取决于我们"，而有些事情则不是，所以我们应该把注意力集中在那些实际上在我们控制范围内的事情上。

现在是时候更深入地了解这些思想，以及它们如何协同工作来减轻人类的痛苦。

遗憾的是，美德这个词听起来很古板，充满维多利亚时代的气息。但对古希腊人来说，美德的含义仅仅是"好"或"卓越"。即使是无生命的物体也能拥有卓越。例如，一把好刀的"美德"是锋利，切割性好。一匹好马的"美德"可能是它又壮又快。上升到人类的层面，使我们区别于其他动物的在于我们是理性的。因此，对于斯多葛学派来说，作为一个人，要拥有美德，我们必须以理性、合理或体面的方式行事。这意味着我们应该培养一种良好而稳定的品质，其特点是沉着冷静，即使是极端消极的情绪也不会使我们失去精神平衡。

除了理性之外，还有许多其他美德。至少可以追溯到柏拉图时期，希腊人确定了四种主要或"基本"美德：智慧、勇气、节制和正义，斯多葛学派也认为这四种美德是必不可少的。

第二个关键信念是，有些东西"取决于我们"或在我们的能力范围内，而另一些则不是。现代斯多葛学派称为控制的二分法，它是所有罗马斯多葛主义的核心。[1] 然而，当你仔细考虑时会发现，我们能完全控制的东西很少。甚至我们的身体和思想也不是一直在我们的控制之下。

再举一个例子，虽然我们可以控制自己的意图，但我们无法控制事情的结果。若你开始一项业务，你可能会在市场营销方面把一切都做好，理论上，这件事你可以完全控制。但公司可能会因为数百万条别的原因而倒闭，包括市场对公司提供的产品并没有足够的需求。

今天，最知名的讨论控制二分法的斯多葛派哲学家是艾比克泰德。塞涅卡去世时他还是个十几岁的少年。但塞涅卡和更早期的斯多葛学派也接受了这个信念，他们只是用不同的方式描述它。塞涅卡谈到了美德和际遇。对塞涅卡来说，美德（和我们的内在品质）取决于我们，但命运或际遇却不是。（见图 4）我们应该始终努力善用我们无法控制的事物（以帮助创造一个更美好的世界），与此同时我们应该首先关注拥有一个好的品质，因为没有美德或好的品质，我们也无法在这个世界上创造任何好的东西。正如塞涅卡所写，"美德本身是唯一的好东西,因为没有美德就没有好东西"。

	控制的二分法	
塞涅卡	美德/内在品质	际遇或机会
艾比克泰德	"取决于我们"	"不取决于我们"

图4:塞涅卡和艾比克泰德如何描述控制的二分法
虽然美德和内在品质"取决于我们"并在我们的控制之下,
但际遇或机会领域的事情并不完全取决于我们

在斯多葛哲学中,这两个观点——美德是唯一真正的好东西,和有些事情是我们无法控制的——就像两种强大的化学物质。当它们混合在一起时,就会产生强烈的反应,一种全新的世界观诞生了。

普通人和斯多葛主义者的一个主要区别是,普通人认为外部事物——比如钱、可爱的房子、美丽的家庭——是"好东西",而对于斯多葛主义者来说,它们只被视为"优势"。乍一看这似乎只是一个小小的差别,甚至只是口头上的狡辩。但对于一个斯多葛主义者来说,这是一个至关重要的区别,因为美德是唯一真正的好东西。（话虽如此，如果可能的话，斯多葛主义者会像其他人一样希望拥有外部优势。）

塞涅卡认为，"所有受机会支配的东西都是奴仆"，包括金钱、身体、名誉和其他大多数东西。他解释道，任何相信外部事物是好东西的人都会将自己置于际遇、机会和他无法控制的事物的支配之下。但是，懂得美德好处的人，无论外部环境如何，都能在内心找到持久的幸福。

对于斯多葛主义者来说，任何真正的好东西，如美德，永远无法从我们身上夺走，而任何可以夺走的东西都不是真正的好东西——它只是一种优势，或者说是一份际遇的馈赠。塞涅卡写道："相信任何好的或坏的东西都是际遇给予我们的，这是一个错误。"相反，际遇只是根据我们内在品质好坏，给我们提供行善或作恶的原材料。同样，斯多葛派教师艾比克泰德向学生有力地强调了这一点："不要在外面寻找好东西；在里面寻找，否则你永远找不到。"

斯多葛学派认为，金钱、健康、朋友和家庭以及其他许多东西都是我们应该积极寻求的优势。他们认为优势是有价值的，但拒绝称其为"好东西"。他们为什么要做出这种区分呢？部分答案要追溯到亚里士多德，他声称要过上真正美好或幸福的生活，你还需要"外部的好东西"，比如健康、一定数量的金钱，甚至是漂亮的外表。（顺便说一下，亚里士多德的父亲很富有，是马其顿国王的宫廷医生。亚里士多德喜欢时髦打扮。）

然而，对于斯多葛学派来说，亚里士多德的信仰是荒谬的，因为随着年龄的增长，许多人将失去许多或所有这些外部事物。例如，让我们想象一下，你在一生中养成了卓越的道德品质，但到了一定年龄，你失去了财富、健康、家庭，并最终发现自己面临死亡。这是否意味着此刻你的生命突然不再美好，或者你失去了你的道德品质呢？当然不是。那么"好看"呢？苏格拉底被认为是有史以来最有美德的人之一，但他的丑陋也是出名的。苏格拉底长着著名的扁平鼻子，人们说他看起来像好色之徒。

斯多葛学派坚持美德是唯一真正的好东西，从而肯定了激进的平等主义信念。虽然一个人拥有外在的优势会更好，但即使你贫穷、多病、丑陋或濒临死亡，你也完全有可能成为一个善良、有美德的人。不管你的生活环境如何，仍然有可能找到学习哲学的方法。正如塞涅卡所写，任何人都可以发展出卓越的心智，如果他们愿意的话："哲学不排斥或选择任何人。它的光芒普照所有人。"

不管你个人是否为斯多葛主义的思想方式吸引,我希望你现在能看到这两个观点结合在一起时是多么强大。如果人们确实采纳了斯多葛学派的观点,即"美德是唯一真正的好东西"和"许多事情不在我们的控制范围之内",大多数人看待和体验世界的方式会发生重大变化。这种转变将使人们感觉外部发生的任何不幸没有那么可怕。不管怎样,我们可以用一个简单的公式,来总结塞涅卡关于不幸和美德之间关系的观点:重要的不是我们遭受了什么,而是我们如何应对遭遇。任何逆境都可能袭击我们,但如何应对才是衡量我们真实品质的标准。

为逆境做好准备

如果你不想让某人在危机中感到惊慌失措,那就事先对他或她进行训练。

——塞涅卡,《书信》18.6

斯多葛派采用的一种减少不利事件刺痛的方法称为"对未来逆境的预演"。它要求在潜在的负面事件发生之前,在你的脑海中对它进行简单的预演。如果未来真的发生,你已在心理上有所准备,情绪上的冲击会大大减少。虽然这个办法并不适用于所有人,有时反而可能引起焦虑(若是这种情况,你不应该使用它),但它对我和其他许多人都非常有效。事实上,在上学时参加过消防演习的人都试过这种方法。对潜在的灾难提前进行预演可以提高你的应对能力,在灾难实际发生时可以清晰地思考。

谈到消防演习,在给卢西利乌斯的信中,塞涅卡描述了卢格杜努姆被大火摧毁的可怕过程,然后向卢西利乌斯提出了以下确切的建议:

> 如果一个人没有预料到灾难的发生,它对我们造成的压力就会更大。震惊加强了影响,每一个凡人在震惊之时都会感受到更深的悲伤。因此,我们不应该对任何事情感到意外。我们应该未雨绸缪,不能只考虑通常会发生的事情,而应该考虑可能会发生的事情。

他在其他地方写到,我们甚至应该更进一步,"要把任何可能发生的事情想象成将要发生的事情"。

所谓对逆境进行预演,其基本思想是,在你的想象中对任何可能发生的不幸事件进行简单的演练——就像践行或锻炼你的斯多葛品行。正如塞涅卡所指出的,"早在预期之中的事情到来时会更加温和"。此外,我们也应该预期在人生道路上逆境偶尔会与我们相遇,因为"苦难是按照自然法则发生的"。逆境预演的观念可以追溯到最早期的希腊斯多葛学派,而所有重要的罗马斯多葛学派都使用过它。[2] 塞涅卡在他的许多著作中经常提及这个观点。最有名的是马可·奥勒留《沉思录》的开头。奥勒留在个人日记中写道:"每天早上对自己说:今天我将会遇见多管闲事的人、忘恩负义的人、专横的人、欺诈的人、嫉妒的人和不合群的人。他们因为对善与恶的无知而遭受这些缺陷折磨。"

千真万确:塞涅卡和其他斯多葛主义者意识到,世界上到处都是令人讨厌的人。既然他们会与你不期而遇,你不妨有所预料。这有助于你在真的遇到他们时不会产生消极的情绪反应。所以下次你开车去兜风的时候,提醒自己,你可能会遇到一个路怒症发作的疯狂司机。这样如果真的发生这种情况,你一点也不会感到惊讶,而会像一位训练有素的斯多葛主义者那样说,"我就知道"或"意料之中"。

我将"对未来逆境的预演"运用得最好的事情与我的小儿子本杰明有关。他出生后不久，我在萨拉热窝买了一栋联排别墅。虽然别墅的视野开阔，但通往三楼卧室的硬木楼梯非常陡峭和危险。正如我们在美国常说的，"它们不合规范"。楼梯非常危险，如果本杰明从楼梯上摔下来，他可能会丧命。

为了防止我儿子受伤甚至丧命，我分阶段进行了改造。首先，我尽可能采取一切合理的预防措施来防止这种情况发生。买下房子后，我在楼梯上安装了栏杆，使楼梯对每个人都更安全。（楼梯以前没有安装栏杆真是令人难以置信！）其次，我在楼梯顶部安装了一个带锁的木门。我们会在晚上锁门，这样就不会有人意外地从楼梯上摔下来。最后，我在狭窄、光滑的楼梯上贴上摩擦带，以产生一些摩擦力，减少危险。

这是我在有形的层面上能做的一切，但楼梯仍然不安全。因此，下一步是培训。每天早上，当本杰明和妈妈一起走下楼梯去上学时，我总是说："本杰明，一定要抓住栏杆！"他会说："好吧！"然后照做。事实上，我到今天仍然坚持提醒他。

我做的最后一件事是练习"对未来逆境的预演"。由于这是一个需要严肃关注的问题，我会想象本杰明从楼梯上摔下受伤的情形。那样的话，如果真的发生了，至少我已做好充分准备。（换句话说，我不会像我妻子那样，当我们的儿子从幼儿园滑梯上摔下来撞到脑袋时惊慌失措。）我还想象着他从楼梯上摔下来后，如何根据他受伤程度做出不同的应对。

虽然这听起来有点令人不快，但我很高兴我这么做了，因为果然他六岁的时候有一天在楼梯上摔倒了。幸运的是，他摔倒时已经快下完楼梯了。虽然楼梯台阶坚硬锋利的边缘擦伤了他的背，但没有大碍。他只是受到惊吓，没有严重受伤。我所接受的斯多葛训练使我能够平静地应对不幸——心怀关切，但不惊慌。事情发生时，我没有感到震惊或惊讶，因为我早就有所预期。

考虑应对未来可能发生的不幸，斯多葛派的这种练习与现代心理治疗中的暴露疗法非常相似，它帮助人们面对和克服恐惧。在暴露疗法中，患者一点一点地暴露在焦虑或恐惧症的根源之下，但剂量很小。随着时间的推移，暴露程度会慢慢增加，直到恐惧完全消失或显著减少。虽然暴露疗法可以采取许多不同的形式，但有一种方法是通过想象将自己暴露在恐惧的源头之下。这种为今天的心理师所用的暴露疗法与古代的斯多葛学派的做法完全一致。

正如威廉·欧文在其新书《斯多葛挑战》(*The Stoic*

Challenge）中指出的，练习逆境预演的另一个意想不到的好处是，它帮助人们克服享乐适应。当你买了一件闪亮的新东西时，你会感到高兴，但随着时间的推移，你会适应它，拥有它的乐趣也会消失，这就是享乐适应。你甚至可能认为拥有这件东西是理所当然的。塞涅卡是一位敏锐的心理学家，在他的著作中多次描述了这种常见的经历。"你难道不明白，"他问道，"一切事物一旦变得熟悉就会失去力量吗？"

我已经在我的房子里住了五年多，对它已不像我刚买时那样感到兴奋。但是，如果我练习了逆境预演，想象它被大火或地震摧毁，会让我再次对我可能视为理所当然的事情心怀感激。同样，斯多葛学派建议我们经常提醒自己，我们最亲密的家庭成员和朋友有一天会死去，甚至可能是明天。这不仅是一个自然的事实，而且反思这一事实有助于在他们真的离开时减少对我们的情绪冲击。但从积极的意义上讲，它鼓励我们在当下不要把他们视为理所当然，每天都要感谢我们共同度过的时光。

接受宇宙的考验：
逆境即训练

塞涅卡认为，智者的内在品质不会发生可怕的事情（见第十章），但自然法则是，每个人都会经历逆境。然而，在斯多葛学派看来，这些逆境是"上帝"或"宇宙"发给我们的"训练练习"，以测试并帮助我们发展内在品质。（虽然塞涅卡和其他斯多葛学派一样使用了"上帝"一词，但必须知道这个说法并不等同于基督教的"上帝"的概念。斯多葛学派指的是自然界中存在的一种智慧，他们可以随意用上帝、自然、命运、宙斯、宇宙和许多别的术语来称呼它。在本书中，我使用了"宇宙"这个术语，尽可能避免与犹太教和基督教的"上帝"观念混淆。）

塞涅卡写道，"烈火考验真金，逆境考验勇士"。引人注目的是，他写了一整部著作《论天意》(*On Providence*)，讲述宇宙如何给我们带来"考验"，让我们可以培养更好的品质。塞涅卡引用他的老朋友德米特里厄斯的话说，"对我来说，没有人比从未面对过逆境的人更不快乐"。塞涅卡解释说，之所以如此，是因为"这样的人从来没有考验过自己"。

事实上，塞涅卡强调，一个人在接受考验之前，永远无法知道自己品质的力量有多大:"没有什么能激励你,没有什么挑战让你采取行动,没有什么考验你心灵的力量——这种状况不是宁静带来的和平,只不过像物体平静地漂浮在死海之上。"他在其他地方写道,宇宙就像一位父亲,不时给他的孩子一点严厉的爱。只有受到劳作、痛苦和损失的激发,我们才能成为真正强健的人类。相反,"未受损害的好运经不起一次打击"。

在塞涅卡看来,任何人都可能遇到的最糟糕的事情之一,就是过着极度快乐和安逸的生活,而不是让自己的品质经受考验。继塞涅卡之后,艾比克泰德使用了几乎相同的语言写道:"困难揭示品质。"因此,每当有人面临逆境时,就好像一位体操教练"让你与一位充满力量的年轻对手较量"。当有人问艾比克泰德为什么会这样时,他回答说:"这样你就可能成为奥运会冠军,而这是不费力气永远无法实现的。"

转化逆境

> 无论命运赐予什么,智者都会把它转化成令人钦佩的东西。
>
> ——塞涅卡,《书信》85.40

罗马斯多葛主义最鼓舞人心的一件事是,斯多葛学派相信,逆境中总能产生某些好的东西。正如塞涅卡所写,"灾难是美德的机会"。即使是最糟糕的不幸,我们也能以一种高尚的方式做出回应。

塞涅卡解释,无论发生什么,我们都必须从中找到好的方面,并将不利情况转化成有利局面。因此,"重要的不是你面对什么,而是你如何面对"。

在现实世界中,我们的生活充满了失败。有时候,无论是在事业上还是在爱情上,我们精心制订的计划就是行不通。大多数小企业在最初的十年里破产。婚姻解体。人们失去工作,往往不是因为他们自己的过错。对于斯多葛主义者来说,重要的是要明白,我们的计划或目标有时会失败,是一个自然的事实。当这些失败发生时,我们有责任从中吸取教训,以美德应对,或者将失败转化为某种机会。

例如,多年来,我经营着一家小型图书出版公司,大多数时候几乎没有盈利。但我在经营公司的过程中学到的技能使我得以创办一家编辑和图书设计公司,这使我能为世界上一些最著名的出版商工作,也让我能够研究和写这本书。

塞涅卡说,一个睿智的斯多葛主义者就像一个熟练的驯兽师,如驯狮员。在自然状态下,狮子可能凶猛、危险、可怕，但是在一个好的驯兽师的训练下，一头凶猛的狮子可以成为一个温和的伙伴，甚至允许驯兽师亲吻它，拥抱它，并把手臂放进它的血盆大口再拿开。在塞涅卡看来，斯多葛派驯服逆境的方式与驯兽师的工作完全相似："同样，智者是驯服不幸的专家。痛苦、贫穷、耻辱、监禁和流放是每个人都害怕的。但当遇到智者时，它们被驯服了。"

没有人能控制我们的生活环境，而斯多葛主义者会接受面临的任何情况，并加以利用，将其转化为有价值的东西。"无论发生什么，"艾比克泰德写道，"从中获益的力量掌握在我手中。"

通过这种方式，斯多葛学派的目标是充分利用生活或当下所提供的一切。马可·奥勒留解释说，如果我们身上发生了消极的事情，我们可以"利用这次挫折来发挥另一种美德"。或者正如塞涅卡所写的那样，无论什么坏事，斯多葛派都能将它们"变成好事"。

里安·霍利德（Ryan Holiday）从马可·奥勒留的著作中汲取了这个斯多葛主义思想，并将其转化为其著作《障碍即道路》(*The Obstacle Is the Way*, 2014) 令人难忘的书名。马可·奥勒留在其斯多葛主义笔记本中提醒自己：

> 我们的行动可能会受到阻碍……但没有什么能阻碍我们的意图和性情。因为我们能接纳和适应。我们的头脑会根据自己的目的来调整和改变我们行动中的障碍。
>
> 行动的障碍会推进行动。
>
> 阻碍我们行动的东西会变成我们行动的道路。

将近两千年后，马可·奥勒留的这一思想启发诞生了霍利德《障碍即道路》的书名。

正如我们从这些段落中所看到的，塞涅卡、艾比克泰德和马可·奥勒留——主要的罗马斯多葛主义者——对于将逆境转化为更好的东西这种做法的价值，观点是完全一致的。更重要的是，如他们所表明的那样，无论我们身上发生了什么，我们总能以一种为世界带来美好事物的方式做出回应。

第七章

为什么你应该
永不抱怨

> 如果你不加进你的烦恼,没有什么需要让你烦恼的。
>
> ——塞涅卡,《书信》123.1

没有什么比不得不花时间听身边的某人不断抱怨更糟糕的了。不过别担心,这只是我的一个观察,不是在抱怨。

正如你可能想象到的,塞涅卡和其他斯多葛主义者坚决反对各种抱怨、牢骚和哀叹。这并不意外。但他们拒绝抱怨的原因会令许多读者感到惊讶。在本章末尾,我们将探讨他们为什么认为你应该从不抱怨。在此之前,我们来看看今天的人们如何看待抱怨。

不过,我的第一个希望是,你永远不必在一个总是抱怨的人身边花太多时间。慢性抱怨患者让我想起了漫画《花生》中的卡通形象小猪佩恩。小猪佩恩四处走动,无论它走到哪里,总是被一大片灰尘笼罩。一个长期抱怨的人不是被一团灰尘所包围,而是被一团消极的精神能量所包围。在这片乌云中飘浮着抱怨者的许多愤怒和不满,他们总是准备好发泄,同时渴望有人回应这种不满情绪。

"办公室倒霉的一天"

对今天的许多人来说,办公室环境是滋生愤怒和抱怨的肥沃土壤。塞涅卡甚至在他的著作中提到了这一点。他指出,人们面对堆积如山的工作,很可能会变得烦躁不安。正如他所说:"当一个人四处奔忙,总在处理许多事情时,一天永远不会顺顺利利过去,总是不时会有什么人或什么事惹到你,使头脑准备感到烦恼。"

不过令人惊奇的还是人们究竟浪费了多少工作时间来发牢骚。《哈佛商业评论》引用马歇尔·戈登史密斯的一项研究表明,大多数员工每月花 10 个小时或更多时间抱怨老板或管理层,或者听其他人抱怨。更引人注目的是,几乎三分之一的员工每月花 20 个小时或更多的时间抱怨或听人抱怨!是的,这个统计数字让我吃惊!

当然,工作时所有花在抱怨上的精力都是对时间和生产力的巨大浪费,因为抱怨通常不会带来任何改变。事实上,"我们抱怨得越多,随着时间的推移,挫折感越可能增加"[1]。但正如这句引言的作者彼得·布雷格曼(Peter Bregman)所指出的,这些人如果将抱怨改为建设性的批评,他们的意见经过认真讨论后可能会带来改变。但许多人发现,进行一次可能会真正改变现状的对话,这个想法有点吓人。相比之下,抱怨要容易得多。

但究竟什么是抱怨呢?

如果我儿子今天在学校表现不好,咬了一个女孩的脚——是的,他一年级的时候的确这样干过——我可以说,"本杰明今天表现得糟糕",这不是一个抱怨。但如果我说:"本杰明今天表现糟糕,真是个讨厌的孩子!"那就是抱怨。(当然,我没有这么说!)第一句话只是一个观察。第二种说法是消极的情绪"发泄",通常出现在抱怨中。总之,抱怨涉及表达不满情绪。

对大多数人来说,抱怨来得如此容易,以至于他们常常意识不到:对许多人来说,这是一种根深蒂固的坏习惯。因此,打破这个坏习惯的唯一方法就是在精神上后退一步,注意到什么时候发生了抱怨,并努力停止这种行为。

几年前,堪萨斯城牧师威尔·布朗(Will Brown)注意到了这一点,也注意到抱怨者的破坏性有多大,提出了一个"21天不抱怨挑战赛",挑战的目标是整整三周不抱怨一次。这个比赛中一个聪明的花样是,挑战者要戴一个紫色小手镯

(布朗牧师会很乐意卖给你)。当你加入"不抱怨的世界"挑战赛,你就开始计算你没有抱怨的天数。一旦你抱怨了,就需要把手镯移到另一只手腕上,把计数重新倒回到第一天。布朗牧师在网站上令人震惊地指出:"普通人需要四到八个月的时间来完成这项21天不抱怨挑战。但是坚持下去!只要记住,你不能通过抱怨走上健康、幸福和成功的道路。"

鉴于世界上有这么多的抱怨者,现在已经有一千多万人参加了挑战赛,这一定也带来了相当数量的紫色手镯销售。

那么,斯多葛学派会怎么想这种方法呢?我最好的猜测是他们会赞同,特别是由于他们强调实用的认知练习。例如,艾比克泰德曾教他的学生如何在30天时间里一步一步地改掉坏习惯。一旦有人满一个月没有再犯坏习惯,他建议他或她向众神致谢。

而且,由于大多数人都会抱怨,像这样的操作练习对长期抱怨的人来说是有益的,甚至是必要的。心理学家盖伊·温奇(Guy Winch)讲述了一个关于抱怨者的有趣故事。他说:"乐观主义者看到杯子是半满的。悲观主义者看到杯子是半空的。"但慢性抱怨症患者看到的是:

> 杯子有细微的缺口,盛的水不够凉,可能是因为我

要的是瓶装水，但给我的是自来水。等一下，杯子的边缘也有污迹，这意味着玻璃杯子没有洗好，现在我可能会感染某种病毒。为什么这样的事情总是发生在我身上？

那么，一个古典的斯多葛主义者会看到什么呢？

他会看到一杯水，并怀着感激之情将它视为来自宇宙的礼物，对它赋予生命的属性心存感激。因为归根结底，当你抱怨时，你就不再与自然和谐相处。斯多葛学派认为，缺乏感恩之心是对宇宙和谐与美好秩序的谴责，而宇宙和谐美好的秩序正是你的生命之源。

这带领我们深入地理解为什么你应该永不抱怨——这当中不排除许多显而易见的心理学理由——这种理解来自对人性、对我们自己与更大世界的关系的更深刻看法。

"追随自然"，不要抱怨

斯多葛学派的创始人芝诺说，他的哲学目标是"追随自然"或"与自然和谐相处"。如果我们能够与自然和谐相处，这将带来"生命的平稳流动"，意味着一种幸福或心灵的平静。

"追随自然"的理念也被后来的罗马斯多葛学派哲学家所接受,如塞涅卡、艾比克泰德和马可·奥勒留。但是,正如你会预料到的,虽然"追随自然"是一句可以印在保险杠车贴上的谚语,但它的含义远不止是一句吸引人的口号。

对于斯多葛学派来说,要追随自然,我们需要了解自然——包括人性和宇宙整体。而且,正如他们所指出的,如果不先了解更大的宇宙,我们就无法完全了解自己。

斯多葛学派认为,世界充满了"理法",可以翻译为"理性"、"智慧"和其他许多术语。他们强调,人类的独特之处在于我们是具有理性思维能力的生物,这使我们不同于其他动物。这使我们能够进行科学研究、建立以法律为基础的社会、将宇航员送入太空、写情书,做其他许多美好的事情。但我们之所以能够科学地理解自然,是因为自然法则和世界结构中所存在的理性,与我们自己头脑中的理性结构之间有某种联系。简言之,斯多葛学派对"理法"的信仰,是相信自然和我们的思想都有一个合理的结构。

因为我们是理性的生物,我们生来就肩负的使命是理解世界——整体自然,理解我们自己的人性,以及更大世界和我们内在自我之间的关系。斯多葛主义还认为,由于理性是人类的决定性特征，我们生来就是为了发展我们的理性能力；这将使我们能够平和地、深思熟虑地生活，培养良好的内在品质，并为社会做出贡献。

斯多葛派对"理法"的基本信仰没有任何不科学之处，它对命运的信仰也并没有非理性之处。虽然"命运"听起来可能有些诡异或神秘，但它只是指自然界中存在的因果链，现代科学家也相信这一点。事实上，牛顿时代的大多数古典物理学都基于"命运"的概念：因果关系和决定性关系。斯多葛派对命运的信仰，仅仅意味着我们必须承认和尊重无法回避的自然法则。

虽然"理法"和"命运"无可争议，但一些现代读者（和现代斯多葛主义者）难以接受的是斯多葛主义的最后一个理念"天意"，因为他们认为这是一个宗教理念，这是一种误解。重要的是，斯多葛学派对"天意"的理解与基督教天意的观念毫无关系，斯多葛学派也不相信有存在于自然之外的基督教中的"上帝"。对斯多葛学派来说，"上帝"就是自然。

我个人认为，斯多葛学派关于天意的思想来自对生物有机体的研究。举个例子，正如我们今天仍然可以看到的那样，生物有机体是生物智能的宝库，拥有自我疗愈的能力，这意味着一种知识。例如，如果我割伤了我的手，我的手"知道"

如何治愈自己。如果你把扁形虫的头割下来，扁形虫知道如何长出新的头。在人类胚胎发育成人的过程中，也蕴含着令人难以置信的生物智能。今天，我们理解这种智能是生物进化的副产品，但这并未减少它令人惊讶或值得钦佩之处。

然而，从最早的希腊斯多葛学派的角度来看，我们现代人错误地将"理法""命运""天意"视为不同的概念。在最早的斯多葛学派看来，这些只是指代同一事物的不同术语，可以互用。根据古代资料，"自然""理法""命运""天意"被认为是相同的。

现代斯多葛学派有时会拒绝这些术语，他们错误地认为这些术语是反科学的，他们这样做，往往是因为他们忽略了一些至关重要的东西。一个重要的方面是这些古老概念所导致的态度——看待和评价世界的一种理性而充满灵感的方式——在几个世纪以来刺激了科学的发展。斯多葛学派和其他一些希腊哲学家认为，我们生活在一个美不胜收的宇宙织锦中，受宇宙法则和和谐的支配，我们自己就是从这些法则和和谐中产生出来的，并且与之密不可分。此外，通过理性，我们能够理解我们从中产生的宇宙。重要的是，这种古老的哲学态度与现代科学并不冲突——科学本身就是它的产物。

埃尔伯特·爱因斯坦在其著名的文章《宗教与科学》中

称之为"宇宙宗教情感",他发现这是"科学研究最强烈、最高尚的动机",斯多葛学派肯定也会同意他的观点。抛开斯多葛学派所使用的术语不谈,他们看待宇宙和我们在宇宙整体中地位的方式至今仍具有重要意义。爱因斯坦本人拒绝相信人格化的上帝(斯多葛学派也是如此),他也不是传统意义上的信教者。尽管如此,他指出,每一个在科学上取得真正进步的人,都"受到对存在所显现的理性的深深崇敬之情推动"——这确实是一个非常具有斯多葛色彩的观察。

最终,我们可以看到斯多葛主义者高度重视自然。他们相信自然不会白做任何事,一种理性在自然法则中得以表达,正因为这种理性,自然才是完全美好的。换言之,如果我们能够从宇宙的高度,看见和理解宇宙作为一个整体是如何运作的,我们就会把它看作卓越的典范,这个典范完美无瑕,美丽无比。

到现在,我们可以完全理解斯多葛学派所说的"追随自然"的含义。为了过上幸福的人生,我们必须使我们的思想和意志与自然保持一致。这样的话,在他们看来,我们将努力达到完美理性和高尚品德的境界,就像自然一样。我们将毫无怨言地接受命运和尊重所有自然法则。一旦做到这一切，我们的生活就会平静，因为我们在以最深刻的方式与现实和谐相处，并作为理性的人生活。

尽管我们是肉身凡胎和脆弱的生物，尽管我们生活在一个痛苦和苦难注定要打击个人生活的世界，但作为一个整体，自然的运转有其完美之处。因此，当我们抱怨时，我们就是在表达对自然完美秩序的失望。

这就是斯多葛学派反对抱怨的原因。因为自然界中的一切都遵循一种理性模式，哪怕我们不能立刻看到它的整体，抱怨一些琐碎的事情是对宇宙本身美好的一种侮辱。

似乎为了解释芝诺"追随自然"的命令，艾比克泰德写道："不要希望事情按照你的意愿发生，而是希望事情顺其自然地发生。这样你的生活就会平静。"这是他关于实现幸福、自由和心灵平和的斯多葛主义方法的重要组成部分。换句话说，我们需要接受命运和自然法则注定要带来的一切。否则，我们将永远无法体验心灵的平静。

追溯到这个学派的早期，斯多葛学派用一个故事来说明命运的本质。这个故事说的是一只用皮带拴在马车上的狗，当马车在路上行驶的时候，狗可以快乐地跟着车跑，气喘吁吁地与马车一起向前。然而，如果狗跟不上马车，它就会一路被拖着走，这将是一次痛苦的经历。这是一个关于跟随自然和接受命运的隐喻。抗拒命运是可能的，但不会成功：即使你与命运作斗争，你还是会被拖到同样的目的地。用雅典斯多葛学派的第二任掌门人克利西波斯（约公元前330年—公元前230年）的话来说，"命运引导有意愿的人，但拽着不情愿的人"。

尽管如此，斯多葛学派并不是相信我们无法改变世界的"宿命论者"。因为我们是命运之网的一部分，我们自己的行为和决定，通过因果关系将影响他人的未来和命运。不过要记住的重要一点是，命运和大自然的运作会将我们置于某些我们无法控制的情形下。我们需要优雅地接受或回应这些事情，而不是抱怨，因为它们是大自然赋予的，无可非议。

塞涅卡解释说，每一个人生来都与生活有一个契约，契约的一部分包括接受某些事情会发生。对于困难，抱怨它们或为此感到不安是没有意义的。一个明显的例子就是死亡，因为每个出生的人都注定要死。与其为即将到来的死亡而呻吟或哀叹，不如平静地接受它，看到它是生命本身的一部分。

在艾比克泰德最有趣的话当中，有一句是这样说的："如果有人流鼻涕，抱怨是愚蠢的，因为宇宙给了我们两只手，最好的办法是用手擦鼻子。"

塞涅卡在他的《书信》中说他的朋友卢西利乌斯有点像一个爱抱怨的人。作为一位优秀的斯多葛主义治疗师,塞涅卡常常在信中帮助卢西利乌斯认识到抱怨是徒劳的。例如,在第96封信中,塞涅卡解释了后者发牢骚为什么是错误的:

> 你还在为一些事生气——你还在抱怨。难道你看不出,在这样的事情中唯一的坏事就是你自己的烦恼和抱怨吗?如果你问我,我会告诉你,没有什么能让任何人感到不安,除非他认为一些完全自然的事情应该让人不安。到了我不能容忍其他事情的那一天,我也无法再容忍自己。

塞涅卡接着将每个人都必须面对的恼人事件描述为仅仅是"为活着要交的税":

> 我会接受发生在我身上的任何事情,不会变得悲伤或露出不开心的表情。我将毫无怨言地支付我所有的税款。所有让我们抱怨、让我们退缩的事情,都只不过是生活要交的税——我亲爱的卢西利乌斯,这些都是你永远不应该希望逃避或试图逃避的事。漫长的生命包含了

所有这些事情,正如长途旅行包含了灰尘、泥浆和雨水。

在塞涅卡看来,人们不去与自然和谐相处,不去接受生活道路上不可避免的坎坷,而去抱怨预期应该得到的琐碎事情,这是毫无意义的:

> 对这些事情感到不安,就像抱怨在公共场合被溅到或踩到泥浆一样可笑。我们的生活体验就像在澡堂里,在人群中,或者在旅途中。有些东西会被扔到你身上,有些东西会意外击中你……处在类似的不幸之中,你必须继续的这段崎岖旅程也是如此。

正如他所指出的,"我们不应该对我们生来肯定会遇到的任何事情感到惊讶。我们也不应该抱怨,因为每个人都面临着这些问题"。

爱你的命运

19世纪哲学家弗里德里希·尼采使用了"爱你的命运"这个说法,而这一思想可以追溯到斯多葛学派。塞涅卡说,斯多葛派应该"对发生的事情,像你希望它发生在你身上一样去体验",因为宇宙认可这些事件。"哭泣、抱怨和呻吟,"他写道,"是对赐予我们生命的宇宙良好秩序和积极维护世界的自然法则的反叛。"这就像前面引用的艾比克泰德的建议:"希望事情顺其自然地发生,而不要希望事情按照你的意愿发生。"

但对"爱你的命运"最美丽的表达,至少在我的脑海中,来自马可·奥勒留这些充满爱意的话,听起来几乎像祈祷:

> 宇宙啊,每一件与你和谐的事物也适合我。每一件对你恰如其时的事情,都不会让我觉得太早或太晚。自然啊,你每个季节赐给我的一切都是滋养。所有的事物都来自你,在你身上,所有的事物都会回归于你。

毫无疑问这是一个追随自然、赞美其智慧和美德的典范,而它来自一个经历过很多个人痛苦的人(在他的十三个孩子中,只有五个活到成年)。从这些话中,我们可以感受到马可·奥勒留深深的感激之情,感激他从美丽而慷慨的宇宙中得到的一切。他本人也是宇宙的一部分。

对于斯多葛主义者来说,我们从宇宙中得到的一切都是礼物，都是借给我们的，总有一天我们要归还。我们的基本心态应该是感恩。因为即使我们在人生旅途中绊了一跤，或者被泥巴溅了一身，也没有理由抱怨给我们带来生命的美丽世界。

第八章

与际遇的战争：
如何在贫困
和极端财富中生存

穷人不是拥有太少的人,而是总渴望更多的人。

——塞涅卡,《书信》2.6

乘坐际遇的过山车

每个人都对钱感兴趣。为什么不呢?我们都有账单要付。但多少钱算太少?多少钱算太多?每个人对此都有自己的看法,而塞涅卡的观点尤其有趣。他是那个时代最富有的人之一,他敏锐地意识到追求金钱成功所涉及的心理和道德风险。他还经历了几乎一夜之间失去一半财富的经历。在际遇的过山车上,大起总是伴着大落。

福尔图娜(Fortuna)是罗马的"际遇之神",如前所述,有时我会将"际遇"一词首字母大写,因为在塞涅卡看来,它接近像"命运"一样的宇宙力量。斯多葛学派认为,际遇的问题在于,不管是好的还是坏的,都不由我们决定,也不完全由我们控制。正如塞涅卡所指出的,际遇给予你的并不是真正属于你自己的,它可以被拿走。相比之下,真正的好东西——成熟的品质——来自我们内在，由我们保管。

塞涅卡写了大量关于际遇的文章，际遇无疑是他最大的敌人。他说："高处往往是被闪电击中的地方。"他解释说，突然变得富有的人往往会失去心理平衡。他们"想象好运永远不会结束，他们的收获不仅会继续，而且会一直增长。他们忘记了际遇是一张蹦床，人们在上面跳上跳下，而是确信机会会单独为他们保持稳定"。

正如我们所知，世界上到处都是彩票中奖者输掉所有奖金的故事。当一个人很快获得巨额财富时，并不意味着他或她拥有管理财富的技能和平衡心态。20世纪90年代末的网络泡沫时期，我认识一位业余股票交易员，在很短的时间内将5万美元变成了100多万美元。但她害怕卖掉自己的股票，不想交利润所得税。由于拒绝出售，当泡沫破灭时，她失去了一切。类似地，许多名人因生活奢侈、铺张浪费和缺乏节制而损失巨额财富的故事也屡见不鲜。可以举出很多这类例子，其中之一是迈克尔·杰克逊去世时，他的负债高达四五亿美元。

在中世纪，"际遇转盘"是一个关于际遇不可预测的著名寓言（见图5）。在寓言中，际遇或机会之神（通常戴着眼罩）转动一个类似小摩天轮的轮子，将贫困的人从底端提升到顶端拥有国王般的财富，同时，它也将富人从顶端拉回到乞丐的水平。正如塞涅卡所写："生活中的每一个等级都会发生变化，任何降临到别人身上的事情都可能降临到你身上。"

图 5：际遇转盘
际遇女神的轮子将那些贫困的人提升到拥有
国王般的财富，并将富人降于贫困

同样，由于事情变幻不定，所以任何人都不应在事情进展顺利时过于自信，或在事情不顺时轻易放弃。

塞涅卡本人对际遇的狂野摇摆并不陌生。他在职业生涯早期作为一名罗马参议员青云直上，获得了财富和名声，后来却被克劳迪乌斯皇帝流放到科西嘉岛长达八年。这让塞涅卡失去了一半的财富，并在刚失去独生子后与妻子分离。后来，塞涅卡终于回到罗马，作为尼禄皇帝的顾问，他又获得了更大的财富。

在被流放到科西嘉岛期间，塞涅卡给他的母亲海尔维亚写了这封信，反思他的遭遇：

> 我从不信任"际遇之神"，即使她似乎愿意提供和平。她慷慨地赐予我所有恩宠——金钱、地位和影响力，我把它们存放在一个地方，她可以从那里取回，不用打扰我。我让这些事情和我自己之间保持了很大的距离，所以她把它们从我这里拿走时，并不是从我身上扯走的。没有人会被际遇压垮，除非他首先被她的恩赐所欺骗。

在金钱统治世界之前，
一切都是自由的

在第 90 封信中，塞涅卡讲述了一个故事，说明在复杂文明出现之前的早期，人们如何生活得更为自由。故事围绕着自然财富的概念展开：大自然免费地为它的创造物提供所需的东西。例如，动物在自然环境中生存所需的一切都是现成的，几乎不需要努力就能获得。

塞涅卡声称，最早的人类也是如此。"大自然没有对我们提出让我们感到痛苦的要求，"他写道，"没有什么生活所需很难获得。在我们出生的时候，一切都为我们准备好了。"他继续说：

> 正是我们自己，由于蔑视简单的东西，使事情变得更难。房子、住所、衣物和食物——现在已变成巨大的生意——那时候都是预备好的，免费而且唾手可得。当时的一切都是基于实际需要。是我们让所有这些东西变得昂贵和令人羡慕。正是我们通过许多伟大的技术使一切难以获得。

塞涅卡的所有作品都贯穿着"大自然所求甚少"的思想。是我们让事情变得比本来困难得多。虽然最早的人们生活在乡村，但他们在茅草屋下安全而自由地生活。而那些住在大理石和黄金屋下的人却生活在奴役状态。塞涅卡在评论他那个时代富有的罗马人时指出："那种把我们的欲望限制在实际需要和我们能力范围内的自然手段，现在已经消失了。现在，如果有人只想得到刚好足够的东西，他们就会被视为没有文化和贫穷。"

归根结底，是人类的贪婪导致了贫困。由于欲望超过了需要，我们反而失去了一切。根据塞涅卡的故事，在人类早期，人们互相平等，相互关心。但是，后来那些更强大、更贪婪的人"开始向弱者下手"。他们"把东西藏起来供自己使用"，并"开始不让别人得到生活所需"。后来随着事情的进一步变化，人们被获得财富的想法蒙蔽，并受到以夸张的方式向他人展示财富的欲望所诱惑。这就是我们现在所说的"名利"概念，正如塞涅卡所写，"所有这类富足都只是想引起注意"。

塞涅卡提倡遵循一条自愿简单的人生道路，而不是追求让人痛苦的名利之路。正如他写给卢西利乌斯的信中所说，"你应该根据你的自然需求来衡量一切，这些需求可以免费或以很少的成本得到满足。……自然需求无非是一些食物"。

极端富有的危险

> 任何一个屈服于际遇力量的人都会不可避免地陷入极度精神混乱。
>
> ——塞涅卡,《书信》74.6

对塞涅卡来说,极端富有带来多方面的危险。与斯多葛学派对立的一个哲学流派的创始人伊壁鸠鲁写道,"对许多人来说,获得财富并不是他们麻烦的结束,而只是他们麻烦形式上的改变"。虽然塞涅卡不同意伊壁鸠鲁的许多理念,但这一条并不在其中。

正如商业作家蒂莫西·费里斯所指出的那样,人们突然变得富有时,他们现有的品质特征会得到放大。一些精神稳定的人,比如沃伦·巴菲特——截至本书写作时身价约830亿美元——丝毫不受巨大财富的困扰。他仍然住在1958年花31 500美元买的房子里。他也经常吃便宜的快餐如麦当劳,开着一辆便宜的车。这些事实表明,他的生活方式相当沉稳,不为奢侈的生活所吸引。但对其他人来说,当他们变得富有时，这会增强他们的自大意识，放大身上的负面特质（塞涅卡详细列举了这些负面特征）。他指出，极端的富有使许多人变得不稳定，但对不同的人影响不同："富足是一种不安的状态；它折磨着自己。它用多种方式扰乱大脑，因为它对不同人的影响不同。它激发一些人追求权力，激发另一些人自我放纵。它使一些人膨胀，另一些人萎靡，完全使他们丧失能力。"

塞涅卡的拉丁语原话可以翻译为"膨胀"，我们今天将这种情况称为心理膨胀。他在其他地方写道，巨大的财富"膨胀心灵，滋生傲慢，招引嫉妒，扰乱理智"，危害甚深，但人们仍然喜欢富有的名声，尽管这种名声可能会伤害我们。

极端富有的最大危险之一是，它鼓励一些人沉迷于奢侈、过度和透支的生活。换句话说，节制的美德被扔到了门外。最恶劣的是，曾经的奢侈品变成了必需品。塞涅卡列举了一个奢靡失控的案例：罗马奢侈爱好者阿皮修斯的故事。阿皮修斯愿意不惜一切代价获得世界上最好的食物。在花了一亿罗马赛斯特斯（一笔天文数字的巨款）来满足口腹之欲后，他发现自己"只剩下"了一千万。阿皮修斯担心自己可能死于"贫困"和没有奢侈的饮食，于是选择了自杀。

与极端富有相关的另一个问题是面临如何维持极端富有

的挑战。富人像我们其他人一样，经常入不敷出。但命运是变化无常的。一旦你获得了一份昂贵的房产，或两份，或三份，你就需要维护它。这需要有大量收入持续流入。塞涅卡写道："保存巨额财富是一项令人焦虑的任务"，而且"巨大的富足就是巨大的奴役"。保持巨额财富需要获得新的财富，但财富增长越多，崩溃的可能性就越大，这对任何透支的人来说都是担忧和痛苦之源。

正如现代斯多葛学派哲学家威廉·欧文（William B. Irvine）指出的那样，名利相伴，因为它们都是社会地位的标志。虽然我们不能大规模地获得名利，但几乎每个人都在追求社会地位："如果全球性的名望让他们望而却步，他们就会寻求地区名望、当地名声、社交圈内的人气或同事的口碑。同样，如果他们无法积累绝对财富，他们就会寻求相对富裕：他们希望物质上比同事、邻居和朋友更富有。"

有些事情永远不会改变，正如塞涅卡在两千年前指出的那样，追求社会地位会导致嫉妒、贪婪和野心。"不管你拥有多少，"他指出，"如果其他人拥有更多，你会觉得你的财富不足，你比其他人的财富差多少，你就觉得你缺了多少。你对成功的疯狂向往是如此强烈，以至于如果有人超越了你，你就会觉得似乎没有人落后于你。"财富会激起贪婪，因为你拥有的钱越多,你就能赚得越多。

最后,财富带来痛苦的另一个来源——损失的痛苦。塞涅卡说,"我们应该记住,没有财富的痛苦比失去财富的痛苦要小得多。然后,我们会意识到,既然贫穷可失去的甚少,那么折磨我们的可能性就小得多"。

克服财务担忧:
"贫困练习"和甘于简朴

> *如果你想心灵得到闲暇,你应该要么做穷人,要么像穷人一样。如果不关心简单的生活,学习就没有帮助,简单的生活就是自愿贫困。*
>
> ——塞涅卡,《书信》17.5

如果你曾经为钱担心过,你并不孤单。根据布洛克税务公司最近进行的一项调查,59%的美国人"在某种程度上一直担心钱"。正如塞涅卡所强调的,即使是最富有的人也担心钱,这一点到今天依然如此。根据理财规划师杰里米·基斯纳的说法:"最近的一项调查显示,48%的百万富翁和20%的超高净值家庭(500万—2500万美元)仍然担心退休后没钱用。"如果你读了他的短文《为什么富人担心钱》，你会发现我们与塞涅卡时代相比变化不大，包括担心的原因。

正如我在第三章中所说，关注财务问题是完全合理的，但用担忧这个说法可能就不太贴切。通过简单地从我的词汇表中删除"担忧"一词，并用"关注"取代它，我的情绪适应力增强了，因为担忧是一种消极情绪。相比之下，"关注"意味着某些事情需要理性解决。虽然这似乎只是一个用词的小变化，但结果显而易见。

从塞涅卡的信来看，他的朋友卢西利乌斯长期担心财务问题，尽管他肯定很富有。卢西利乌斯总是为自己如何退休并过上一种更悠闲的生活而烦恼费神。正如你可能想象到的，塞涅卡给了他很多建议，他指出，卢西利乌斯的担忧主要是心理上的。这与如今担心钱财耗尽的千万富翁一样。

如今，许多人对退休问题都有充分合理的经济顾虑。尽管如此，很难相信塞涅卡富有的朋友卢西利乌斯也同样如此。他似乎是一个善于找借口的人。为了解决这个问题，塞涅卡花了几封信的篇幅，试图解构他朋友对于到底需要多少钱的看法，以及他认为"贫困"是可怕的东西的观点。虽然塞涅卡用"自愿贫困"一词来形容良好的生活方式，但我更愿将其翻译为"甘于简朴"。对塞涅卡来说，钱财足以为生的人就是真正的富人，而致富的最快途径就是放弃对财富无休止的追求。

塞涅卡敦促卢西利乌斯不要推迟现在的生活，建议他调整自己花费不菲但不称心的生活方式：

> 你已经陷入了一种痛苦和奴役看不到头的生活。……如果你从公职上退休，你所拥有的一切会减少，但生活会更加充实。就目前的情况来看，你身边已经堆积了很多东西，但它们不能让你满意。那么，你更喜欢哪一种：匮乏中的富足还是富足中的匮乏？富足不仅仅是贪婪——它还暴露在陌生人的贪婪之下。只要对你来说什么都不够，在别人看来你就不够。

正如他在所有信中强调的那样，只有智者才会对已经拥有的感到满意。最普通的东西，比如简单的食物，可以带来极大的快乐。塞涅卡建议，如果你想马上变富，不要再考虑如何增加你的钱，而是设法减少你的欲望。

然后，塞涅卡给卢西利乌斯提出了一个"贫困练习"计划，看看他足以为生的最低限度是什么。他写道："留出一定的天数，在这段时间里，只给自己吃最少最便宜的食物，穿粗糙破旧的衣服。然后问自己：'这是我所害怕的吗？'"这段话如今在蒂姆·费里斯的传播下广为人知。

当然，这就是一种"暴露疗法"和对未来逆境的训练。塞涅卡告诉卢西利乌斯：

> 要坚持三到四天，有时甚至更长，这样就不是一场游戏，而是一次真正的考验。那么，相信我，卢西利乌斯，你会惊讶于微薄的开支就足以果腹，你会意识到内心的平静并不依赖于"际遇之神"。因为即使在生气的时候，际遇之神也能满足我们的需要。

他说，作为一种通过缓解经济担忧来寻求满足的方式，卢西利乌斯应该"开始与贫困打交道"。

据蒂姆·费里斯说，他的朋友凯文·凯利是《连线》杂志的作者和联合创始人，他的做法与塞涅卡所描述的一模一样。他偶尔会在起居室睡在睡袋里几天，只吃速溶燕麦粥和速溶咖啡。这提醒他，他可以在任何情况下生存。凯利在二十几岁时背着一个背包环游世界，几乎身无分文。不需要塞涅卡的帮助，他似乎自学了"甘于简朴"的做法。

我尝试塞涅卡技巧的一种方法是，在家里制作便宜但热腾腾的美味早餐。首先是两个煮熟的鸡蛋,加热的斑豆和辣番茄酱。美食版包括一些鳄梨片、柠檬汁和一些金枪鱼。有时我会加进一些晒干的西红柿。我会定期计算每种早餐的费用。按照今天的价格,最便宜的早餐为 1.5 美元,使用的是罐装豆子。我最喜欢的一种健康热午餐价格为 2.5 美元:一个再加热的火鸡汉堡,抹上卡拉玛塔橄榄酱,还有热豆和沙拉。虽然我经常在外面吃饭花更多的钱,但我知道如果需要的话,我可以每天只花 6 美元就吃得很好,也就是每月不到 200 美元,这是很大的心理安慰。当然,如果我选择吃米饭青菜,花销就更少了。

对于任何一个经济上有担心的人来说,一个有益的锻炼办法是计算生活所需金额的最低限度,然后尝试按照这个金额制定生活方式,至少部分这样做。

斯多葛学派倡导的"甘于简朴"的生活也让你有更大的个人自由来从事自己的兴趣。因为简单的生活方式可以减少开支,减少你需要工作的时间,从而获得更多的自由时间。正如塞涅卡所写,"只要一点点就能满足自然的需要。而她对那一点点会感到满意。让我们付出沉重代价的不是饥饿,而是我们的野心"。他在给母亲的信中还指出,"生活在自然规定的范围内的人永远不会感到贫穷;但是,超过这些界限的人，即使在最富有的情况下，也会受到贫穷的追逐"。在塞涅卡看来，"最糟糕的穷人是那些在财富堆中感到贫困的人"。

善用际遇的赐予

> 美德不是来自财富，而是使财富和其他一切对人类有益。
>
> ——苏格拉底，柏拉图的《申辩篇》30A-B

虽然塞涅卡看到极端财富对品质不稳定的人造成多大的干扰和破坏，斯多葛派认为，就总体而言，财富是一种优势：这是你应该渴望的东西，有可能的话同时获得健康，哪怕财富和健康不能提升你的品质。

塞涅卡提倡简朴的生活，但他自己却非常富有，因此他一生都被指责为人伪善。[1]在他的小书《论幸福生活》的结尾，塞涅卡将矛头对准了他的批评者，与他们进行了辩论。他关于这一点的全部思考可以归结为一个简单的想法：只要你不受财富的奴役，就可以利用命运的恩赐。

塞涅卡告诉卢西利乌斯，除非超越财富，否则没有人能真正快乐。因此，那些拥有财富的人必须说服自己，没有财富他们也会幸福。他们应该将财富视为随时可能消失的东西。换句话说，如果你拥有财富或任何命运的恩赐，你不应该依附于它。

塞涅卡关于财富价值最有说服力的论点是，富人可以利用他的财力去实践美德。换言之，富有的人可以明智地利用财富来造福他人和社会。

我在美国的邻居弗雷德就是这样一个人。弗雷德和他的女儿有一家工程公司，当时公司的销售额为2.2亿美元。虽然很富有，但他也很踏实，易于接近，从来没有表现出一点傲慢或奢侈。事实上，尽管在商业上取得了成功，弗雷德在生活中的主要兴趣是帮助他人和努力改善社会。他的家庭基金会为当地社区捐赠了数百万美元。他创建了一个有理由为之自豪的项目，这个项目培训了30人，使他们具备摆脱救济所需的技能。当他们完成培训后，他给他们全部提供了固定工作——这是政府一直未能完成的壮举。

有一天我去了他的家，那里可以看到美丽的乡村景色，但室内装修却是不起眼的乡下风格。我们坐在那里喝咖啡时，他向我吐露说："我喜欢从事这些项目，让事情变得更好。我经常想到的最让我感兴趣的问题是如何消除贫困。"

有一次，当我经历一场个人悲剧时，弗雷德走到我家来看我。他在交谈时说,"当这样的事情发生时,我想你只能把它交给上帝"。弗雷德是基督徒,但这些话带有明显的斯多葛主义色彩。因为斯多葛学派反复说,"有些事情不由我们决定"。

塞涅卡说,如果你拥有财富,你就有一个极好的机会去践行美德。总之,弗雷德正是塞涅卡心目中一个完美的榜样。

批评塞涅卡的人因为他的富有而指责他虚伪。对此,他给出了一个完美的尖锐反驳,我每次读到时都会感到一种喜悦。"如果我的财富流走,"他写道,"它只带走它自己。但如果你们失去了财富,你们会感到震惊,会觉得好像失去的是你们自己。对我来说,财富有一席之地,但对你们来说,它拥有最高的价值。总而言之,我掌控我的财富,但你们的财富掌控你们。"

第九章

乌合之众
和联结人类的纽带

你问最应该避免的是什么吗？乌合之众。

——塞涅卡，《书信》7.1

现在该割喉了

塞涅卡告诉卢西利乌斯要避开人群的时候，他刚从角斗比赛的现场回来。在那里，他看到人群为其他人在他们眼前被杀而欢呼，以此作为一种娱乐形式。

因此，当塞涅卡说我们应该"避开人群"时，他并非指一般意义上人数众多的群体，而是指暴民或邪恶的人群。后者会对我们的内在品质产生可怕的影响，特别是当我们受到人群的情绪裹挟时更是如此。他在给卢西利乌斯的信中说：

> 与乌合之众接触对我们是有害的：没有人不向我们推荐一些恶习，向我们传播恶习，或在我们不知情的情况下强加在我们身上。我们交往的乌合之众人数越多，危险就越大，无一例外。

但是,没有什么比观看公众比赛更有害于良好品行了,因为这样一来,在我们快乐的过程中,恶习就更容易潜入。你明白我在说什么吗?我回家时会变得更贪婪,更自负,更放纵——更糟糕的是,就是因为我刚和其他人在一起,回家时会变得更残忍,更不人道。

塞涅卡解释说,他本来期待从观看比赛中获得一些"乐趣、智慧和放松",但当有人把死刑犯赶进竞技场时,这一切都变成了屠杀。塞涅卡生动地描述道:"以前的格斗展现的是仁慈。但现在伪装结束了,纯粹就是谋杀。这些人没有护甲。他们的全身暴露在外,没有人只是单纯地击打对方,每一场战斗都以死亡告终,用刀剑和火焰消灭对手。"

有一次,暴徒变得有点狂野,尖叫着"杀了他!鞭打他!烧死他!"等等。比赛中途休息时,有人宣布:"现在是时候割喉了,继续!"

塞涅卡举出这个例子以说明一个重要的观点:我们的品质深受日常生活中周围人的影响。当人们在政治集会、体育赛事、宗教活动或演变为暴乱的集会上成为人群的一部分时,他们也会受到周围人的强烈影响。无论是在我们的日常生活或是在群体中,其他人影响我们的方式,基本上都是一样的:"一个放纵或贪婪的例子会造成很大的伤害。一个被过度纵容的亲密朋友会削弱和软化我们。一个富有的邻居会点燃我们的贪婪之火。一个卑鄙的同伴会将自己的恶意传给哪怕是一个真诚而且洁身自好的人。"

塞涅卡用角斗比赛的故事提出了这样一个观点,即我们周围人的素质对于改善我们的品质至关重要。我们接下来会探讨塞涅卡对此的看法,但首先让我们看看情绪和行为是如何在大群体中"像病毒一样传播"的,这是互联网时代的一个显著特征。令人惊讶的是,2000年前,塞涅卡就清楚地描述了人类行为可以是"病毒式"或"传染性"的。

当事情变得有传染性时

塞涅卡引用一个医学比喻解释说,我们可能会被他人的不良品质"感染"。他指出,我们在瘟疫中可能仅仅因为病人"对我们呼气"而感染疾病,因此我们必须根据对方的品质状况谨慎地选择朋友。他写道,努力避免"感染",因为"让健康的事物暴露在疾病中,是疾病的开始"。

值得注意的是,塞涅卡不止一次提到这一点。他在另一本著作中所写,"我们从周围的人那里学到习惯,就像一些疾病通过身体接触传播一样,大脑也会将它的疾病传播给周围的人"。例如,贪婪的人可以将自己感染上的品质传播给邻居。不过,幸运的是,"美德也是如此,只是结果反过来"。所以,就像品质有缺陷的人可以把他们的坏习惯传给我们,品质好的人与我们交友可以让我们成为更好的人。

塞涅卡在作品中讨论的这些现在被描述为一种"无意识影响"。不管是一个大群体还是小团体,甚至只是某个人,都会让我们无意识地受到影响。不管是哪种情况,其过程是相似的。

例如,在成长的过程中,我从不喜欢和吸烟的人在一起。事实上,当我还是个孩子的时候,我决定永远不要走上烟民的道路。但在我快二十岁的时候,我周围都是经常吸烟的同事和朋友。我们出去吃午饭,他们会在饭前饭后边喝咖啡边抽烟。果然,不久我也开始抽烟了。过了不久,情况变得更糟。最终,吸烟习惯变成了成瘾,每天要抽一包。不过我在24岁时戒了烟。因为吸烟及其危害变得太可怕,难以忍受。我的左肺甚至持续疼痛。科学家指出,尼古丁和海洛因一样容易上瘾。戒烟是非常困难的,但在一个月不抽烟后,我又开始感觉正常了。

同样,在同一年龄,我最好的朋友非常聪明,但也非常喜欢挖苦人。讽刺的话从他嘴里冒出来，就像水从喷泉里涌出一样。不幸的是，通过无意识的模仿，我从他那里学到了这种行为，最终成为一种令人不快的性格特征。几年后，我通过努力改正了这个毛病。

塞涅卡谈到了群体的危险性以及习惯是如何传染的，而今天我们谈论的是社交媒体上的"病毒性传播"。社交媒体已经成为我们现代人群体行为的中心。如果塞涅卡关于群体的危险及其如何对我们的精神健康产生不利影响的观点是正确的，那么我们可能对上网应该更加小心。让人精神催眠的图像、原始的情绪和愤怒常常通过在线网络倾泻而出，并形成它们自己的生命。随着互联网的全面发展，印刷时代严肃的新闻业在很大程度上已经黯然失色。不幸的是，取而代之的在线报道往往旨在引起愤怒，获得点击量，然后进行病毒性传播。不论对我们个人还是社会这都不会有好处。

早在19世纪，社会心理学家加布里埃尔·塔德（1843—1904）和古斯塔夫·勒庞（1841—1931）就开始了群体心理学的研究，这项研究后来发展成一个重要的领域。塔德和勒庞提出了"群体心理"的概念，也被称为"从众心理"。大约在两千年前塞涅卡就在作品中对此进行了探讨。科学研究表明，无论是在现实世界还是网络世界，人们都很自然地倾向于模仿他人的行为。

撇开科学研究不谈,任何细心的观察者都可以看到,个人行为往往受到社交媒体上群体心理的支配。比如,即使在事实还没有完全被了解之前,群体就对新闻报道做出愤怒的反应。在某些方面,被情绪传染的"推特暴徒"的危险性不亚于现实中的暴徒。当愤怒在网上蔓延,网络暴徒或这些自发法官的欲望推翻了对正当程序的需要,而后者是真正的正义所必需的。现在有无数死亡威胁在网上公开发布(或私下通过电子邮件发布)的例子,以及人们试图"终止"冒犯他们的人的职业生涯的例子。由于任何人都可能陷入情绪传染,这种行为并不局限于任何极端政治派别。

古斯塔夫·勒庞在他的经典著作《乌合之众》(1895)中指出:

> 最仔细的观察似乎证明,长时间融入群体行动的个人,不久就会发现自己——或者受到群体发出的磁力般影响,或者由于另外一些我们不了解的原因——进入了一种特殊的状态。这种状态非常类似于被催眠的个体在催眠者操控下所处的入迷状态。

他写道,当群体意识出现并占据主导地位时,"群体中的个人就像夹杂在沙堆中的一粒沙子,风可以随意搅动"。

加布里埃尔·塔德也指出,人们无意识地相互模仿至少在一定程度上解释了群体行为和群体思维的产生。正如更近期的思想家托尼·桑普森指出的,正是由于模仿的催眠力,情绪和感觉在数字网络中以病毒的方式传播传染他人。

关注无形的影响

塞涅卡对他人如何影响我们这个问题的兴趣与社会化有关,这一术语在20世纪40年代流行于美国。社会化是人们被社会的价值观或较小的社会群体规范所同化的过程。

很多社会化都是有意和经过深思熟虑的,如父母教孩子要言语有礼、举止得当、遵守规则——它们都是重要的生活技能。然而,其他形式的社会化更无形和无意识:例如人们通过媒体、广告和同龄人群体吸收信仰和行为的方式。因此,研究社会化的人会提到有意识的社会化和无意识的社会化。

如果我们想成为成熟的人,社会化是必不可少的。但我们的社会化方式可能带来好结果,也可能造成坏结果。例如,为了让孩子适应社会,父母会教育孩子诚实和公平,但另一个家庭可能会灌输种族主义观点。在塞涅卡的世界里,他在角斗比赛中看到嗜血的人群高呼死亡和毁灭,是在社会化过程中形成了暴力的狂欢。用现代心理学的语言来说,当群体高呼死亡时,它已经成为一种受到情绪传染控制的群体心理。塞涅卡是最早注意到情绪具有传染性的人之一,现在这个现象已成为科学研究领域的研究对象。例如,研究人员发现,打哈欠不仅会在人类中传染,甚至可以跨物种传染:人打哈欠会引起狗和黑猩猩也打呵欠。这种具有传染性的模仿行为肯定是根深蒂固的。

所有的斯多葛学派都相信错误的信仰或观点会导致人类痛苦,他们中一些人意识到,这些信仰或观点是我们通过训练吸收的。[1] 例如,许多家长教导他们的孩子金钱是一种无条件的好东西。作为所有斯多葛学派中拥有最深刻心理洞察力的哲学家,塞涅卡意识到还有更深层次的东西在起作用。我们可以从他反复使用的关于无形影响的隐喻中看出这一点。他将这些隐喻应用于人类心理——"无形的感染""瘟疫""传染性习惯",它们在"我们没有察觉"时传播,影响我们的品质。今天,我们可以将这些描述视为无意识的社会化的比喻。[2]

心理学告诉我们,一些情绪、想法、信念和行为可能具有"磁性",并在人们没有意识到的情况下传播。我们从催眠

第九章 乌合之众和联结人类的纽带

术中了解到,模仿和暗示是最有效的心理现象。模仿和暗示在很大程度上以无意识的方式起作用,它们是使心理状态具有传染性的主要因素。心理学家还注意到,社会习俗和行为大多是通过无意识的模仿而形成的,并非刻意而为。

塞涅卡可能是第一个描述这一点的思想家,他的见解在今天甚至更有意义。通过大众媒体和社交媒体平台,群体心理和情绪传染的影响远远超出了塞涅卡的想象。更糟糕的是,广告和在线媒体等整个行业都在积极努力在大众层面上操纵人们的感受、信仰和行为。不幸的是,这是一种不遗余力的努力:它采用严格的科学方式,以"可衡量的结果"为基础。每次我们点击一个病毒链接或引人愤怒的标题,某个地方或某台机器都在跟踪该链接的受欢迎程度评分。

塞涅卡将如何应对这个新世界,这一点我很清楚。他会告诉我们,"不要反社会,但要后退一步",离开任何类似群体心理或群体思维的东西。当然,我们应该从任何类似心理操纵的行为中后退一大步。当他说"避开人群"时,塞涅卡并不是从笼统的意义上暗示我们应该避开人,而是告诉我们应该警惕所受到的影响。如果塞涅卡可以使用我们的现代术语,他会说,"不要让你的思想或你的精神自主被集体思维的催眠力量所左右"。从斯多葛学派的角度来看,无意识社会化的唯一解药是保护我们作为理性人的自主性。要做到这一点,我们必须进行批判性思考。

从这个意义上说,塞涅卡是正确的:人群可能是危险的。

寻找好的同伴

> 我们不仅应该为我们的身体,也应该为我们的性格选择一个健康的环境。
>
> ——塞涅卡,《书信》51.4

如果人群倾向于具有感染性的不健康行为,那么有什么可以取代的选择吗?在给卢西利乌斯的信中,塞涅卡描述了他在圆形剧场看到的暴力行为后,建议卢西利乌斯:"花时间与那些能让你变得更好的人在一起,欢迎那些你能帮助他们改进的人。这个过程是相互的,教学相长。"

如果我们周围有品质不健康的人,第一步也是最关键的一步就是逃离他们。塞涅卡解释说,心智健全很大一部分"在于摆脱那些激发精神错乱的人,远离相互有害的伙伴关系"。第二步是让我们身处具有良好品质的人当中,哪怕是一小群人甚至一个人。因为高尚的人也可以像邪恶的人一样,对我们产生强烈影响，只不过结果相反："正如在好的地方和有利于健康的气候下，身体不佳会有所改善一样，对于一个缺乏力量的头脑来说，与一个更好的人群交往同样有益。"坏的品质可以像病毒一样传播，同理，好的品质也可以传染。塞涅卡至少在原则上会同意商业作家吉姆·罗恩的名言，"你是和你在一起时间最多的五个人中的平均值"——因此我们应该谨慎地选择这些人。

这再次强调了为什么友谊和有意义的关系在塞涅卡的哲学中至关重要。花时间和品质好的人在一起有助于我们取得进步。"好人彼此帮助，因为他们锻炼彼此的美德。"即使是斯多葛派的圣人也"需要激活他的美德：因为正如他锻炼自己一样，他也可以得到另一个智者的锻炼"。就像摔跤手和音乐家练习和训练一样，智者需要与其他人一起练习和彼此学习。如果我们想获得智慧，拥有良好的品质，我们需要让别人"激活"我们的这些品质。为了激活他人的良好品质，我们必须激活自己的品质。

一个人类:共同归属与有毒的部落主义

> 去除伙伴关系,你将撕裂我们生命所依赖的人类团结。
>
> ——塞涅卡,《论恩惠》4.18.4

斯多葛学派相信人性是同一的,这是由我们共同拥有的理性所决定的,这个思想使他们为人权的发展做出了巨大的贡献。斯多葛学派的思想对在西方世界和全球范围内结束奴隶制、确保妇女平等做出了贡献。

虽然亚里士多德有许多优秀的哲学思想,并帮助奠定了科学研究的基础,但他的有些思想也存在缺陷,具有破坏性。具体地说,亚里士多德相信只有男性完全拥有理性。与男性相比,女性拥有的理性程度较低,而"自然奴隶"和"野蛮人"(或非希腊人)则完全缺乏理性。[3]

相反,斯多葛学派认为所有人都以完全相同的方式拥有理性。换言之,每个人,包括男人、女人、奴隶和来自每个国家的人,都拥有理性,而人类的灵魂"在任何地方都是一样的"[4]。早期的基督徒采纳了斯多葛学派的观点。正如基督教作家拉克坦提乌斯所写的那样:"智慧是给予人类的,它是给予所有人的,没有任何歧视……斯多葛学派对这一点的理解如此之深,以至于他们说,即使是奴隶和妇女也应该学习哲学。"换言之,正如所有人生来就有肌肉一样,所有人生来也有理性。我们将如何开发这些天赋取决于我们自己。

罗马政治家和作家西塞罗(公元前106年—公元前43年)虽然不是斯多葛派哲学家,但他仔细研究了斯多葛派,并对许多斯多葛派思想深表认同。作为政治哲学家,西塞罗采纳并发展了斯多葛学派关于自然法的思想,这一思想有着悠久而重要的历史。自然法赖以建立的斯多葛思想基础是,自然的所有法则都是理性的,我们人类的理性也起源于自然。基于这些前提,西塞罗认为人类法律应该不言而喻是理性的:从根本上来说,它们应该基于我们从自然界、宇宙中看到和我们自己的道德意识中体现出来的那种理性。作为一位政治哲学家,他将"法律"定义为"与自然和谐相处的正确理性"。西塞罗认为,如果我们能够清晰地看待事情,我们会希望罗马、雅典和其他所有城市的法律都是相同的,因为它们应该建立在普世理性的基础上。

换句话说,自然法是普遍的,它不是人类发明的。相反,它是被发现的。它最终来自自然、理性或"上帝"——这三个术语在斯多葛学派看来是同义词。根据自然法，所有人都有固有的权利，或自然权利，这是人性内在固有的。

虽然我们现代的"普遍人权"理念在古代并不存在，但这些理念的种子确实存在于斯多葛主义自然法理念中，并得到了西塞罗的倡导。[5] 斯多葛学派已经阐述了人类平等的概念。很多世纪以来，从自然法衍生出自然权利的概念，后者又衍生出现代人权概念（见图6）。[6] 本质上，自然权利就是人权。

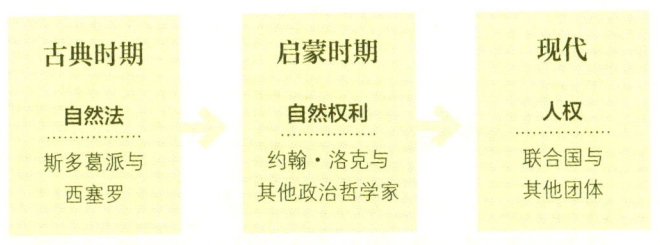

图6：从斯多葛派到联合国，人权的长期发展历程

斯多葛主义的"自然法"思想——西塞罗将其表述出来——启发了约翰·洛克（1632—1704）等启蒙思想家，并深深地鼓舞了美国的开国者们。撰写《独立宣言》初稿的托马斯·杰斐逊（1743—1826）和其他开国者一样，都十分熟悉塞涅卡、斯多葛学派和西塞罗的思想。[7] 杰斐逊自己的自然

法概念就取自斯多葛学派。杰斐逊写下的"人人生而平等"这句话,反映了斯多葛学派人类平等的思想。[8]

西塞罗解释说,政府的主要职能是保护公民的生命、自由和财产。后来,约翰·洛克将"生命权、自由权和财产权"确定为人类最基本的自然权利之一。杰斐逊在撰写《独立宣言》时,将洛克的说法改成了"生命权、自由权和追求幸福的权利":

> 我们认为以下真理不言而喻:人人生而平等,造物主赋予他们某些不可转让的权利,其中包括生命权、自由权和追求幸福的权利。

在杰斐逊看来,他列出的权利是"不言而喻"合乎理性的,属于自然法。这些权利既是自然权利,也是人权。历史学家约瑟夫·埃利斯指出,杰斐逊在《独立宣言》中的话是"有史以来被引用最多的人权宣言"。

这就是将斯多葛学派思想与现代人权发展联系起来的历史轨迹:从斯多葛学派和西塞罗关于自然法的论述,到约翰·洛克和其他启蒙哲学家,再到托马斯·杰斐逊在其人权宣言中引用了所有这些思想。

杰斐逊显然是结束奴隶制的一个重要但具有过渡性的人物。一方面,许多人认为他没有完全遵循他的崇高理想(他居然是一个奴隶主,与自己的道德原则相悖)。另一方面,他对结束奴隶制的承诺是深远的:他坚持不懈地倡导废除奴隶制,提出切实可行的奴隶解放计划,甚至在担任美国总统期间颁布了一项禁止国际奴隶贸易的法律。正如马丁·路德·金的名言:"横跨道德世界的弧线很长,但它弯曲着趋向正义。"虽然奴隶制并没有在杰斐逊的有生之年结束,但消除奴隶制的漫长历史过程起源于斯多葛主义的自然法和人类平等的思想,并受其启发。杰斐逊让这些思想成为大众头脑中的核心思想,并积极地推动了奴隶制的废除。

如果斯多葛学派关于整个人类都是一个家庭的说法是正确的,为什么当今世界存在如此多的分裂和两极分化?简单的回答是,这些分裂与我们作为部落动物的生物历史有关。属于一个群体或部落是人类的自然需要。顾名思义,没有归属感人会感到孤独和疏离。然而,当部落主义变得有毒时,问题就出现了。

大约在过去的二十万年里,我们智人一直作为部落生物生活。由于这种进化历史,部落主义几乎不可能消除。但正如物理学家和哲学家马塞洛·格雷泽(Marcelo Gleiser)所观察到的,"从定义上来说,一个没有敌人的部落几乎算不上一个部落。因此,部落争端和战争是人类定义的一部分"。他继续指出:

> 我们现在要对付的最大敌人是我们部落的过去。几千年来一直出色地为我们服务的东西现在已经过时了。这不再是关于这个部落或那个部落的生存问题,而是关系到智人作为一个物种的问题。在我们集体的历史上,这是我们第一次必须把自己看作是一个星球上的一个部落。我们是一个单一的部落,一个由人类组成的部落。因此,它本质上已经不是一个(本来意义上的)部落了。

斯多葛学派率先全面阐述了这一观点:我们都是一个国际大都市的成员,这是一个世界性的、相互联系的人类社会。换言之,我们是整个世界的公民。塞涅卡和其他斯多葛派学者一样,教导人类应该希望造福全人类,造福整个宇宙。没有人和人之间的相互支持,社会就会崩溃。"我们都是一个伟大身体的一部分,"他写道,"我们的友谊就像一座石头拱门,如果石头不能相互支撑，拱门就会倒塌。"

归属感必不可少，但有毒的部落主义会让人们分崩离析，与斯多葛主义的亲社会愿景背道而驰。用塞涅卡的话说，"如果你想为自己而活，你必须为他人而活"。最糟糕的是，有毒的部落主义会导致对其他人的妖魔化、暴力甚至种族灭绝。由于罗马斯多葛学派对人类统一性的信仰，如果他们今天还活着，将会强烈反对各种形式的现代身份政治，因为身份政治根据性别、种族或性取向等特征将人们划分为不同的亚群体。身份政治鼓励这些群体为特殊地位或权力而相互竞争，就好像群体身份比我们是人类这个根本性身份更重要一样。身份政治将人类大家庭分割成竞争群体"分而治之"，是有毒部落主义在我们这个时代的极端形式。这加剧了社会分歧，有可能使社会四分五裂。正如塞涅卡所警告的，"去除伙伴关系，你将撕裂我们生命所依赖的人类团结"。对于斯多葛学派来说，人性是一体的：我们都是兄弟姐妹。我们不应该将社会划分为相互交战的部落，而应该承认我们共同的人性并相互支持。

联结的纽带:
与所有人自在相处

> 所有人都是为有伙伴关系的生活而生,整个社会只有通过各部分的相互保护和爱才能保持健康。
>
> ——塞涅卡,《论愤怒》2.31.7

塞涅卡认为,我们属于一个全球性的人类社会,通过理性和与他人的友谊而团结在一起,这个观点让我们觉得具有现代气息。我们现在生活在一个由全球贸易和通信网络连接的星球文明中,全球伙伴关系是我们日常生活的一部分。

但是,人类社会甚至全球社会最初是如何形成的呢?如果只凭部落主义的本能控制一切,那么这个世界将比实际情况更加危险和两极分化。

斯多葛学派对此有很好的解释。它被称为"亲近感"(okeiōsis),这个术语可以追溯到该学派的创始人芝诺。它来自希腊语单词 oikos,意思是"房子"或"家庭"。亲近感(okeiōsis)指我们对他人有一种亲情或无拘无束的感觉——对他人与我们一样同是人类而感到密切的感觉——这是斯多葛伦理观的基本来源。"亲近感"使我们觉得他人与我们很近而且珍贵,即使我们与他们没有直接的关系。马可·奥勒留经常写到我们与所有人的亲近感及其如何构成了社会的基础。正如他所说,"所有理性的生物都是为了彼此而生的"。

西塞罗在著作中对人类自然的感情如何促进社会形成做了最彻底的解释。他写道,"斯多葛学派认为是自然本身使父母喜爱子女",而这种父母之情是"人类在社会中形成共同伙伴关系的源泉"。这种父母之情是理性的,也是自然法的一部分,甚至在其他物种中也能发现。西塞罗说,当我们看到人类之外的动物在照顾幼崽上付出的巨大努力时,"我们似乎听到了自然本身的声音"。他解释道,在斯多葛学派看来:

> 同样清楚的是,我们被自然本身驱使去爱我们所生的人。从这种冲动中产生了一种共同的吸引力,将人类团结在一起;基于我们共同的人性,我们感到与他人有亲近感。

虽然蜜蜂等动物彼此也能和谐地劳作,但"在人类身上,这些伙伴关系的纽带要紧密得多。因此,我们天生适合组建工会、社会和国家"。此外,随着我们年龄的增长和理性的发展,"亲近感"将我们对亲属关系的感觉延伸到其他人身上。

通过理性和理解，我们将对家庭成员的自然情感扩展到整个社会中。

生活在马可·奥勒留时代的斯多葛学派哲学家希罗克洛斯，用另外一种方式对这一观点进行了解释。在他的一篇著作中，希罗克洛斯描述了我们所属的人类圈子（见图7），以及为什么"我们天生渴望赢得别人并成为每个人的朋友"。

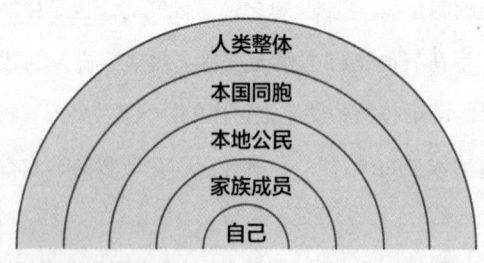

图7：斯多葛学派哲学家希罗克洛斯的人类关系圈（简化版）

最里面的圈子是我们作为个体所处的位置。它代表我们的个体自我。下一个圈子是家族成员，包括直系亲属：父母、兄弟姐妹、配偶和子女，以及关系远一些的家族成员：叔叔（舅舅）和婶婶（舅妈），祖父母（外祖父母），堂（表）兄弟姐妹。下一圈包括我们当地社区的公民，接下来是本国同胞。最后，最大、最外层的圆圈包含了整个人类。许多现代斯多葛学派，包括我自己，会再画上一个更大的圆圈，代表自然或生命生物圈，我们都是其中的一部分。而这种想法并不是现代才有，它是古代斯多葛传统的一部分。正如哲学学者约翰·塞拉斯所指出的：

> 一旦将整个人类社会包含进去，我们扩大关注圈的过程就不应该停止……归根到底，一个人的亲近感应该扩展到整个宇宙，引起对保护所有人类和自然界的关注。当我们到达这个最可能广泛的关注圈时，我们将成为宇宙公民。

希罗克洛斯建议，智者会努力将外部的圆圈拉向中心，或者压缩它们，这样我们会感觉到与所有人类的亲缘关系，而不仅仅是那些血缘最近的人。虽然他承认"血缘的差异"会消除对远方人的一些感情，但斯多葛学派的目标是感受对整个人类的感情，而不仅仅是对与我们最亲近的人的亲情。

这样，当我们沿着成为更睿智、更完整的人的道路前进时，我们既不会忽视那些离我们更近的和最密切的人的需求，同时也将承认所有人类和自然都是更广泛的、充满活力的社区的一部分，我们都是这个社区的一部分。然后，我们将看到那些更大的圈子——我们都来自这个圈子——对于我们的福祉和繁荣来说不可或缺。

第十章

如何保持真实并为社会做贡献

伊壁鸠鲁的花园与斯多葛的大都市

斯多葛主义之所以成为罗马帝国最广泛和成功的哲学，因为它承诺在一个充满压力的世界——就像我们这个时代处于失控边缘——获得内心的宁静。但斯多葛主义并不是唯一向追随者承诺获得内心平静的哲学。以创始人伊壁鸠鲁名字命名的伊壁鸠鲁学派也提出了同样的主张。和早期希腊哲学家一样，斯多葛学派和伊壁鸠鲁学派都在寻求持久的幸福。

在某些方面，伊壁鸠鲁主义和斯多葛主义有相同之处。但这两个学派的主要观点不可调和，存在天壤之别。在塞涅卡写给卢西利乌斯的大约前三十封信中，他都以伊壁鸠鲁的一句话结尾。这些格言或警句与斯多葛学派的理念完全一致，涵盖了简单生活的重要性以及如何通过节俭获得财富等主题。尽管塞涅卡认为伊壁鸠鲁学派是"对立的阵营"，但他对于承认真正智慧的价值是非常开明的，无论其来源如何。正如他喜欢向他的朋友卢西利乌斯指出的那样，好的想法是人类的"共同财产"，无论是由谁表达出来的。

就像"斯多葛"这个词的现代意义一样("斯多葛"的意思是"坚忍的",褒义词——译注),大众的刻板偏见和语言的发展对伊壁鸠鲁学派并不公平。今天,"伊壁鸠鲁"这个词指的是寻求快乐的人,就像美食家从精美的食物中获得快乐一样(在现代,"伊壁鸠鲁"这个词用作名词时,意指寻求感官享受的人,尤其是通过吃喝来获得享乐——译注)。虽然伊壁鸠鲁学派确实把"快乐"作为他们哲学的基础和目标,但他们远不是享乐主义者。事实上,对他们来说,"快乐"只意味着过一种没有痛苦的生活。而谈到美食,没有什么比人们的误解更离谱了。伊壁鸠鲁自己主要以面包和水充饥,如果搭配一点奶酪,他就觉得是一场盛宴。

斯多葛学派和伊壁鸠鲁学派都寻求在生活中获得内心的宁静,但他们对宇宙的看法完全不同。斯多葛学派认为宇宙类似于一个智能有机体,包括我们在内的所有生物都是其中的一部分。他们认为,我们在自然界中看到的模式是大自然智慧的反映,就像你的手是生物智能的体现一样。相比之下,伊壁鸠鲁学派相信宇宙是由原子——微小的物质粒子——组成的,它们随机碰撞并偶然粘在一起。让我们强调一下这两个词:随机和偶然。虽然伊壁鸠鲁学派的原子论是一个有趣的想法,却并不能解释我们在自然界或生物生命中看到的那种远非随机的秩序和模式。[1]

这两个学派另一个巨大的差异是关于人们应该如何为社会做出贡献。

当伊壁鸠鲁在雅典建立他的哲学学派时,他在城外买了一小块土地,叫作"花园"。伊壁鸠鲁的学生们在花园里闲逛,那里就像嬉皮士公社。伊壁鸠鲁派过着共同的生活,但这个共同点是他们都拒绝社会。他们的目标是实现心灵的平静,这意味着他们要远离任何可能扰乱灵魂的事情,包括婚姻、生育和参与政治所带来的挫折。伊壁鸠鲁有一句著名的忠告,总结了他对脱离社会的信仰——生活在不被注意的地方。

在斯多葛学派看来,伊壁鸠鲁学派的逃离文化提出了一个严肃的伦理问题,也激发了幽默的素材。例如,艾比克泰德——他有着非常敏锐的智慧,他的话在今天仍然很有趣——有一天开玩笑地问学生:"你能想象一个伊壁鸠鲁主义者住的城市吗?一个人说'我不会结婚'。另一个说,'我也不会,因为人不应该结婚!''也不要孩子!我们也不应该履行任何公民义务!'"

相比之下,斯多葛学派强调公民参与的重要性,因为他们明白我们生来就是社会动物。斯多葛学派认为,我们属于两个不同的城市或两个不同的联合体。第一个联合体是我们出生的城市或社区（或我们现在居住的地方）。第二个联合体是宇宙城，"世界城"或"宇宙共同体"，涵盖了整个世界和全人类。斯多葛学派教导说，由于我们是人类兄弟会的一部分，因此我们有责任改造社会：不是逃离社会加入一个小公社，而是积极为当地社区和整个社会服务。这就是为什么这么多斯多葛主义者，如塞涅卡和马可·奥勒留，在罗马帝国各地做政治家或公务员。斯多葛主义呼吁他们尽其所能地改善人类的状况。

对斯多葛学派来说，过一种真实的生活意味着以某种方式为社会做出贡献，使他人受益。但由于人各不同，为他人服务的形式也各不一样。毕竟，我们并不是从同一个饼干机上制造出来的。正因为如此，过真实生活的第一步是认识你自己和你独特的本性。

认识你自己

> 每个人都自主养成自己的品质,但他的职责由偶然控制。
>
> ——塞涅卡,《书信》47.15

古希腊德尔斐阿波罗神庙的墙上镌刻着一句名言,"认识你自己"。这句话涉及生活的方方面面,但它非常适用于这个问题:"我如何才能真实地生活并为社会做出贡献?"因为人各不相同,我们适合的任务和职业也各不相同。此外,还牵涉到机会或际遇等额外因素。正如塞涅卡所解释的那样,虽然我们都对自己的内在品质负责,但每个人的谋生之道并不完全在我们的控制之下。

即使我们不能完全控制自己的职业生涯或在生活中取得的成就,我们还是应该争取最好的结果——或者争取最适合我们的工作。正因为如此,塞涅卡写道"我们必须首先审视我们自己",考虑我们愿意做什么。他解释说,我们必须仔细了解自己,因为人们往往认为他们能够完成超出自己实际能力的事情。当然,反过来也是如此。有时人们的成就低于他们的能力,仅仅是因为他们怀疑自己的能力。

在讨论这些事情时，塞涅卡似乎遵循了更早期的罗马斯多葛派哲学家帕奈提乌斯（公元前185年—公元前110年）的思想。在帕奈提乌斯的著作中，他描述了影响一个人在社会中的地位——包括我们的工作和职业选择——的"四个角色"。[2] 不过，这里让我们称之为"因素"，而不是"角色"这种说法。

影响我们的第一个因素是我们作为人类的普遍本性。对于斯多葛主义者，这意味着我们是理性的人，我们能够理解世界并以好的方式行事。影响我们的第二个因素是大自然赋予我们个体的所有品质，这些品质彼此差异很大。塞涅卡指出，出生时就赋予我们的品质往往会伴随我们一生。尽管人们在生理上的差异巨大，例如有些人天生就是运动型的，而另一些人则不是，但是，人们的心理特质、个性特征以及所拥有的各种才能存在着更大的差异。[3] 塞涅卡指出：

> 有些人过于害羞不适合从政，因为从政需要外表看起来很大胆。另一些人过于傲慢不适合在王宫服务。有些人无法控制自己的愤怒，有点恼怒的感觉就会让他们说鲁莽的话。另一些人无法控制自己表现幽默感，不能克制不讲危险的笑话。对于这样的人，退休比从事公共

职业更有用：傲慢和不耐烦的天性应该避免受到刺激而直言不讳，这样做只会带来伤害。

除了我们的个人特征和能力，影响我们的第三个因素是机会，这是超出我们控制的因素：例如我们成长的环境，我们的父母是富有还是贫穷，我们的老师是好是坏，以及其他诸如此类的事情。第四个也是最后一个因素是我们自己的意愿或个人力量：我们的意图和决策能力。我们决定致力于什么，我们为追求目标所付出的精力，都将对我们的职业生涯和如何对社会做贡献产生重大影响。

在斯多葛学派看来，我们必须了解自己的特点，这样才不会与本性抗争，试图追求超出我们能力范围的东西。如果你不了解自己是谁，就不可能拥有自我意识，过真实的生活。最后，如果你试图模仿别人而忽视自己的本性，那么你就不可能过上真实而幸福的生活。

正如我们所看到的，罗马斯多葛学派强调我们作为人的普遍性，亦即每个人的共同性。同时他们也认识到我们个体特质的重要性，这也是大自然赋予我们的。为了在社会中过上幸福和充实的生活，我们需要同时关注这两个方面。通过这种方式，斯多葛学派将"跟随自然"的思想扩展到包括我们的个人特质。

自我一致

最重要的是，努力与自己保持一致。

——塞涅卡，《书信》35.4

对塞涅卡来说，真实地生活意味着做一个性格稳定的人。如果没有坚实的自我意识，人们会像捉摸不定的风向一样改变自己的意向。塞涅卡解释道："我不是说睿智的人应该总是用一模一样的姿势走路，但是他应当坚持走一条路。"

这一观点与塞涅卡对旅行所作的比喻密切相关：旅行重要的是有一个真正的目的地，而不是随意地四处游荡。

一致性以及确定某种"目的地"，是拥有真正人生哲学的副产品。一个品质坚定的人应该是一个人而不是多面人，有一个人生方向及对应的目标感。但是许多人直到他们渴望得到的那一刻才知道他们真正想要的是什么。正如塞涅卡所说，许多人不是受他们的意向引导，而只是"被冲动驱使"。为了说明这一观点，他生动地描述了我们今天所谓的神经质行为：

没有人每天不改变他的计划和愿望。前一分钟他想要一个妻子,下一分钟他只想要一个女朋友。前一分钟他想像国王一样统治,然后又表现得比最低级的仆人更顺从。前一分钟他装模作样以至于引人羡慕,然后他又表现得比最不爱出风头的人还要谦逊。他一会儿大肆撒钱,一会儿又将其偷走。

这是缺乏自我意识最明显的标志:不断地改变自己的身份。在我看来,没有什么比自相矛盾的思想更可耻。将坚持做一个人视为一项伟大的成就吧。但只有智者才能扮演单一角色。我们其余的人都戴着很多面具。前一分钟我们会显得节俭而严肃,下一分钟我们会显得浪费而愚蠢。我们不断地改变我们的角色,不断扮演与前一个相反的新角色。那么,你应该要求自己做到这一点:扮演一个角色,直到落幕。

良好品质的一个标志是"它对自己感到满足,因此会随着时间的推移而持久。而坏的品质是不可靠的:它经常改变,不是为了更好,而只是为了与众不同"。正因为如此,塞涅卡敦促卢西利乌斯"一劳永逸地确定一个单一的生活准则,让你的整个人生都符合这个标准"。

保持真实性和一致性的另一种方式是向世界展示真实的自己。塞涅卡描述了人们如何在公共场合或表演时戴着面具：一旦在公共场合和在观众面前，我们会以一种不同于往常在家中的行为方式展示自己。这通常需要一些伪装和表演。问题是，一旦某人构建了一个虚假的、为了向公众展示的人物角色，就会产生焦虑，因为这个人的形象很可能被发现是假的。比如好莱坞著名女演员不化妆的照片可能会让一些人感到震惊。塞涅卡指出，"对于那些一直生活在面具下的人来说，生活不可能幸福，也不可能没有焦虑"，"与其被不断的伪装折磨，不如被人嘲笑自己的自然状态"。

最后，为了真实地生活，我们的实际行动应该与我们的言辞和信仰相符。正如我们现代的格言所说，"说到做到"和"言行一致"。塞涅卡在这方面特别批评了专业哲学家，因为他们经常说得动听，但却没有相应地在生活中践行。"哲学不是吸引公众眼球的把戏，"塞涅卡写道，"哲学也不是为了作秀而设计的。哲学不是关乎语言，而是关乎行动。"简而言之，"让我们所感即所说，所说即所感。让我们的语言与我们的实际生活相协调。当我们看到的人和听到的人是同一个人的时候，一个人就实现了他的承诺。"

智力自由

> 我们不应该像羊群一样，只会跟着前面的走。
>
> ——塞涅卡，《论幸福生活》1.3

塞涅卡自己真实生活的方式之一是，深深信奉智力自由。这种品质使他成为他那个时代最好的思想家之一。这也让我们觉得他似乎完全是现代人。今天许多人以一种略带挑衅或傲慢的方式接纳智力自由，但塞涅卡的做法却不同：他接纳智力自由是出于谦卑。换句话说，他意识到人类的知识是有限的和不确定的。他意识到，再过一些世纪，新的发现将使我们能够更深入地了解世界和宇宙。因为科学的理解是不断发展的，我们需要保持开放的头脑。此外，通过批判性思维，我们自己也可以为人类智力的扩展做出贡献。正如他所指出的，我们和未来的时代将为我们从前人继承下来的知识增添新内容。例如，在谈到科学发现时，塞涅卡观察到：

> 总有一天，经过长时间的仔细研究，人们会发现那些现在被隐藏起来的东西。一个人的一生，哪怕完全投身于天文学，也不足以充分研究如此伟大的问题……

总有一天，我们的后代会惊讶于我们不知道如此明显的事实。

正如他出色地描述的那样，早期的思想家为未来的发现"开辟了道路"，而不是已经穷尽人类知识的所有可能性。塞涅卡认为，这一点既适用于天文学和其他科学，也适用于斯多葛主义。因为斯多葛主义是一种哲学，而不是宗教，它基于论据，而不是信仰。如果你发现斯多葛主义的论点可信，通过想办法检验它们，也许你会发现它是一种有用的人生哲学。但真正的斯多葛主义者不会要求你单凭信仰就接受某样事物。也许这就是今天斯多葛哲学对许多人文主义者深具吸引力的原因之一。

毫不奇怪，作为一个独立的思想家，塞涅卡有时会批评早期的斯多葛学派。例如，塞涅卡指出该学派创始人芝诺一些论点中的问题。他还毫不犹豫地批评了早期斯多葛学派最有影响力的哲学家之一克里西波斯（公元前279年—公元前206年），说他的逻辑过于抽象，缺乏力量。在塞涅卡看来，作为哲学家意味着一个人是一个批判性的思想家，而不只是信仰者。虽然他大多同意并遵循早期斯多葛学派，但他写道，"我也允许我自己做出新的发现、改变，在必要的时候拒绝接受。我同意他们的意见，但我并不屈从"。

虽然很少有人注意到这一点，但塞涅卡确实在很大程度上扩展了斯多葛学派的思想。他将斯多葛派思想与他对人类心理学和人类动机的深刻见解相结合，将其发扬光大。早期的斯多葛学派懂得错误的信仰会导致心理痛苦，而塞涅卡是第一个深入地解释这些错误信念是如何通过社会化和社会制约而被同化的。

在一段令人难忘的作品中，塞涅卡解释说，他将追随前人的脚步，同时对新发现保持开放的态度：

> 我确实会使用这条旧路，但如果我发现一条更短、更平坦的路，我会开辟一条新路径。那些在我们之前做出这些发现的人不是我们的主人，而是我们的向导。真理对所有人开放，它并没有被垄断。对于那些在我们之后的人来说，还有很多有待发现。

斯多葛主义者的坚持：
"不可战胜"

有成百上千个坚持不懈克服每一个障碍的榜

样：当心灵决定忍耐时，没有什么不可战胜的困难。

——塞涅卡，《论愤怒》12.4

让我们想象一下，你了解自己和你的能力。你已经调查了你想要从事的项目或职业，一切看起来都很好。它似乎非常适合你的天赋和能力。但当你向前推进，项目失败了。

虽然斯多葛学派提倡耐心和忍耐，但我知道，有时候转向其他事情可能是理性的选择。改变方向可能是展现毅力的另一种方式，也可能是将逆境转化为积极因素的另一种途径，也可能是出于其他合理的原因。坚持不懈并不意味着你必须成为受虐狂，日复一日地撞南墙。同样，也不意味着继续追求可能不符合你最佳长期利益的东西是一种美德或好主意。坚持不懈意味着你总体上不断前进或"取得进步"。具体情况总是各不相同。

对于斯多葛学派来说，坚持不懈是一种基本的人类素质。塞涅卡写道，"即使在歉收之后，人们也应该再次播种；很多时候，由于持续的土地贫瘠而遭受的损失通过一年的丰饶多产得到了弥补"。同样，"在一次海难之后，水手们再次出海……如果我们被迫放弃一切造成麻烦的东西，生活本身就会停滞不前"。

斯多葛学派相信，只要智者拥有的美德保持完好无损，任何外在的东西都不会伤害他。塞涅卡为此写了一本很长的著作，你仍然可以读到。这本书现在被称为《论智者的恒心》（*On the Constancy of the Wise Person*），它最初的书名是《论智者为何不受伤害和侮辱》（*On How the Wise Person Receives Neither Injury Nor Insult*）。不可战胜并不意味着斯多葛主义者在身体上不脆弱。正如塞涅卡所指出的，即使是斯多葛学派圣人也可能被殴打、失去肢体或经历极度的身体疼痛。对于斯多葛学派来说，这些都是不幸的事件，但不是伤害。唯一真正伤害斯多葛主义者的方式是损坏他的美德、善良或品质。

为了说明坚持不懈，塞涅卡举了一个例子，在奥运会上，一个人纯粹凭耐心使对手筋疲力尽。同样，在心理承受力方面，智者通过长期训练获得耐心，磨灭或忽视任何对其品质的攻击。艾比克泰德使用一个体育比赛做类比。他解释说，即使你在体育比赛中没有站稳，也没有人能阻止你再次站起来，继续战斗。即使你在那场比赛中失败了，你也可以继续训练并再次参加比赛。然后，如果你最终赢得了胜利，那就好像你从未放弃过一样。有时候，能够不断取得进步本身就是巨大胜利。

斯多葛主义者和其他所有人一样，都会经历逆境和厄运。

使斯多葛主义者不可战胜的是他们不放弃的精神。斯多葛派不管遭遇什么情况，即使是在失败、灾难或经济困难的情况下，都会尽量取得最好的结果。如果被击倒在地，斯多葛主义者会站起来，抖落灰尘，继续训练，继续前进。

如何对社会做贡献

罗马人喜欢一个最初来自希腊哲学流派的问题。他们将这个问题重新表述出来：什么是更好的生活——献身于为罗马政府服务的生活，还是献身于哲学的休闲生活？

伊壁鸠鲁曾说过，一个明智的人应该尽可能避免担任政治职务，因为这会威胁到一个人的精神安宁。相比之下，早期的希腊斯多葛学派认为，智者应该担任政治职务，除非不可能做到，因为政治给了哲学家一种为社会做贡献的方式。[4]

当然，就我们今天来说，实际情况远比这种简单的非黑即白的两分法复杂和微妙。在古代，对社会做贡献最可靠的方式之一是从政。这也可能是一条通往财富的道路。但如今，政治并不是参与公共服务的唯一途径。某些情况下，它甚至可能是为世界做出贡献的最差方式之一，将时间浪费在修复一个功能失调的系统上。今天在某地担任政府文员，和塞涅卡时代担任罗马皇帝的首席顾问,两者也存在巨大差异。

和我们今天一样,对一个人应如何为社会做贡献,塞涅卡拒绝接受古老的非黑即白的观点,他的观点更加微妙。虽然塞涅卡像一个优秀的斯多葛主义者一样投身于政治,但有时他让人感到,他通过各种著作不断地建议他的朋友们争取从政府职位上退休,转而学习哲学。

具有讽刺意味的是,尽管早期的希腊斯多葛学派认为哲学家应该参与政治,但他们中没有一个真正参与政治。塞涅卡指出,斯多葛派的创始者们确实推动了法律,不过不只是为了一个国家。相反,他们引导"全人类"不仅在他们自己的时代为人民服务,而且"为现在和未来的所有国家的人民服务"。正如塞涅卡所写,"当然,我们必须造福他人——如果可能就造福于许多人,做不到就造福少数人;如果做不到造福于少数人,就造福于与我们最亲近的人;如果这也做不到,就造福于我们自己。因为当我们使自己变得对他人有用时,我们就是在从事公共服务"。

塞涅卡相信,斯多葛派圣人不会不加选择地在任何共同体或者在任何情况下都参与政治。如果形势已经无望,那参与政治又有什么用呢?而且,如果圣人决定追求休闲生活,他或她将通过其他方式为社会或子孙后代谋福利。事实上,塞涅卡就是这样看待自己的生活和工作的。他后悔他为尼禄工作浪费了时间，希望在他还活着的时候把这个错误纠正。塞涅卡在给卢西利乌斯的信中写道：

> 我正在为后代工作，写下一些可能对他们有益的想法。有一些健康的建议，此刻我正在把它们写下来，就像开处方列出有用的药……我正在为其他人指出正确的道路，这是我在晚年因误入歧途而感到疲惫时才发现的。

值得注意的是，塞涅卡告诉卢西利乌斯，他目前的作品是为子孙后代写的——事实上，是为我们写的。他相信，这项前瞻性的工作，远比他在罗马参议院或他那个时代腐败的社会和政治领域所能做的任何事情都重要。

塞涅卡对他的这项工作有着极大的信心。他毫不怀疑他的作品会在遥远的将来受到读者的欢迎。"我会得到后代的青睐。"他写道。塞涅卡甚至向卢西利乌斯提议，他顺便把卢西利乌斯的名字搭上，为未来的读者保留下来。令人惊讶的是，塞涅卡这一极其大胆的预测完全正确。二十个世纪后的今天，塞涅卡写给卢西利乌斯的信位居古代哲学著作销量排行前列。正如他向朋友透露的那样，"一个只为同时代人着想的人只为少数人而生。以后还会有千千万万年，还会有千千万万人：着眼于他们"。

无论你是为现在与你最近的人工作，还是为子孙后代工作，这两种都值得钦佩。塞涅卡向我们表明，我们可以通过无数种方式为社会做出贡献，无论是惠及一人还是大众。不管我们个人的技能和爱好如何，所有人都有路可走。

第十一章

无视死亡,全心生活

> 我能活多久不取决于我,但我怎样活由我决定。
>
> ——塞涅卡,《书信》93.7

> 长寿取决于命运,生活的质量取决于你的品质。
>
> ——塞涅卡,《书信》93.2

品质的终极考验

"无论我走到哪里,我都能看到我年老的迹象。"塞涅卡写信给卢西利乌斯说。当时塞涅卡刚到罗马城外的别墅,正与他的物业管理人谈论维护这座行将倒塌的旧建筑的高昂成本。塞涅卡随后解释说:"我的管家告诉我,这不是他的错:他已经尽了一切努力,但这所乡下的房子太旧了。这座别墅是在我的监管下建造的!如果我这个时代的石头已经在破碎,我的未来会是什么样子?"

塞涅卡已经快70岁了,他开始感受到年老的痛苦。但他也发现年老是令人愉快的。然而,年龄越大,挑战越大。他说，极度衰老就像一种你永远无法治愈的持久疾病；当身体状况真的下降时，它就像一艘船开始一处接一处漏水。

在我目前居住的萨拉热窝，我每天都能看到非常高龄的人，他们几乎濒临死亡。我的一些邻居——瘦瘦弱弱，弯腰驼背，经常拄着拐杖蜗牛般在古老的石头街道上行走——看起来似乎随时会倒下死去。尽管如此，看到非常年长的人外出走动，对我来说是一种鼓舞人心的由衷体验。首先，我很高兴看到那些人活了这么久，他们曾经面对很多逆境挑战。看到他们时，不可能对他们不产生极大的亲切感。其次，他们及时提醒了我自己终将死亡的事实。这种体验也与我在美国看到的情况非常不同。

与许多其他国家不同，美国使用世界级的隐身术，让老年人（以及任何其他使人联想到死亡的东西）从人们的视野和头脑中消失。闪亮的玻璃和钢结构高楼大厦、购物中心以及不断蔓延的郊区，美国的景观使用一种灭菌和人为"清洁"方式，使得人们在公共场合很少能看到非常老的人。但在这座历史悠久的欧洲城市里，可以追溯到几个世纪前的古老石头建筑，铺着鹅卵石街道的成熟社区，蹒跚而行的老年人，是日常生活中快乐的一部分。他们提醒我，生活并非没有极端的困难。当人们在任何年龄死亡时，当地宗教团体都会在全城的社区发布死亡通告,并附上死者的照片。这是另一个提醒我们你我皆凡人的好风俗。

斯多葛主义者想要活得好,而活得好也意味着要死得好。一个斯多葛主义者通过拥有良好品质而活得很好,死亡是对它的最后考验。虽然每一起死亡都会有一点不同,但罗马斯多葛学派相信,好死的特点是精神平静,不抱怨,并感谢我们曾经获得的生命。换句话说,作为生命的最后一幕,好死的特点是接受和感激。此外,拥有真正的人生哲学,努力培养健全的品质,可以让一个人在临终时没有任何遗憾。[1]

塞涅卡经常思考和在作品中讨论死亡。其中一定有一部分原因是他的健康状况不佳。因为他从小就患有肺结核和哮喘,他一定在一生中都感觉到了自己的死亡是必然的而且日益临近。在第54封信中,他以生动的细节描述了最近的一次哮喘发作,几乎要了他的命。更早的时候,大概在他二十几岁的时候,他几乎病死,曾考虑结束自己的生命,以彻底结束痛苦。幸运的是,出于对父亲的爱,他没有这样做。他写道:

> 我那时常常有结束生命的冲动,但我亲爱的父亲的年老使我退缩了。因为虽然我认为我可以勇敢地死去,

但我知道他不能勇敢地承受损失。于是我命令自己活着。

有时候,坚持活下去是一种勇气。

对斯多葛学派(以及其他古代哲学家)来说,深思我们不可避免的死亡是一项重要的哲学练习,而且会带来意想不到的好处。作为一种对未来逆境的预演(见第六章),考虑接受死亡让我们为它的到来做好准备,并帮助我们消除恐惧。它还鼓励我们更加认真地对待我们当前的生活,因为我们会意识到它是有限的。我在实践中发现,考虑接受我自己的死亡以及我所爱的人不可避免的死亡,有一个完全出乎意料和强大的好处:对我们仍然在一起的时光怀着更深刻的感激之情。

铭记死亡

拉丁语 memento mori 的字面意思是"记住你必须死这一事实"。几个世纪以来,学者们经常在他们的书房里放置一个"铭记死亡"的象征性图像,比如头骨,以提醒他们自己终有一死。

在哲学界,死得安详、毫无恐惧的典范是苏格拉底。苏格拉底被诬陷腐蚀雅典的青年,在面临喝铁杉毒药的死刑判决之前，被关押了30天。公元前399年去世时，苏格拉底大约70岁。如果他愿意的话，他本可以在朋友的帮助下轻松越狱，在希腊其他地方安家。但这样做与他所相信的一切背道而驰。而且，越狱会永久性损害他的声誉。因为苏格拉底的主要目标之一是改造社会，这意味着他应该遵循社会的法律，即使他受到不公正的对待。

苏格拉底有最后30天的时间与他的朋友和学生们见面，继续他们的哲学讨论。他用一句脍炙人口的话，挑战了那些要求处死他的人的道德观："如果你杀了我，你对我的伤害不会像对你自己的伤害那样大。"后来的斯多葛学派非常欣赏这一思想，因为在他们看来，没有什么能够伤害智者的品质。在苏格拉底临死前最后一次与学生会面时，他讨论并质疑来世的可能性。他还说了一句让人难忘的话"哲学是为死亡做准备"，这可能是"铭记死亡"传统（至少对哲学家而言）的真正开端。当他最后一次谈话结束后，苏格拉底喝下了铁杉毒药，在学生们的围绕下平静地离开了人世。

根据塞涅卡所言，哲学家伊壁鸠鲁提倡的"为死亡做排练"，是塞涅卡本人非常鼓励的一种做法。对于塞涅卡和其他罗马斯多葛学派来说，死亡是"最主要的恐惧"，一旦人学会了如何克服它，其他事情就没有什么可害怕的了。

斯多葛派哲学家艾比克泰德告诉他的学生，当你亲吻孩子道晚安时，你应该提醒自己，你的孩子明天可能会死。虽然你的孩子明天可能会死是事实，但许多现代读者甚至对抱有这样的想法都感到畏缩。这可能是他们不情愿接受死亡必然性的一种表现，或者是他们压制死亡可能在任何时候意外到来这个事实的一种方式。作为亲自体验过这一点的人，我可以告诉你，一旦克服了最初的任何不适，这是完全无害的。它带来的巨大好处是，你会对你所爱的人体验到更大的感激之情。当你进行这种练习时，你会意识到有一天将是你们最后一次在一起，没有人能预测那一天何时来到，因此你会更加感激你们现在在一起的时光。正如塞涅卡明智地建议的那样，让我们在仍然拥有朋友和所爱之人的时候，贪婪地享受与他们在一起的时光。

当你想象自己的死亡或一位亲密家庭成员的死亡时，你的情绪是什么样的？我已经试验了一段时间，只发现了积极的结果。因为当我想到所爱的人终有一死，以及我们在一起的时间有限的事实时，我的生活质量反而提高了。我对我们在一起的所有时光有一种更深的感激之情。如果你不记得你的时间是有限的,你更有可能将一切视为理所当然。

在我写作本书时,我儿子本杰明七岁半。我们在一起的时候,我常常会想到我们终有一死的事实。我儿子正处在令人愉悦的年龄,他非常顽皮,现在能够进行有趣的对话。我们也开始谈论哲学方面的事情。

当然,对他这个年龄的大多数孩子来说,不可能理解死亡的严重性或不可逆转,因为他们中的大多数从来没有亲身体会失去亲人的经历。孩子们生活在心理的"黄金时代",他们的所有需求似乎都得到了神奇的满足。由于他们生活在受保护的环境中,大多数人还没有接触到生活中更具挑战性的方面。

正因为如此,我一直在努力教本杰明一些关于死亡的知识,以及爸爸、妈妈和他总有一天会死去的事实。对一个孩子来说,这是一种基本的斯多葛训练,我很好奇这样做是否有可能增加他对我们在一起的有限时光的感激之情,毕竟他年纪还太小。但至少,我希望这能大大降低他身边的人真的死亡时他感到的震惊,因为他会有所预期。

前几天,我们在吃过快餐后开车回家,本杰明第一次跟我谈起上帝。他带着一种孩子气的喜悦向我解释说:"上帝有一些惊人的力量,比如能够看到和听到一切。但他最大的超能力是他是隐形的!"

"超能力"这个词把我逗乐了,这让上帝听起来就像是蜘蛛侠那样的超级英雄!但撇开谈笑,他的话为讨论一些深刻的问题打开了一扇大门。我提出了死亡的话题。

"本杰明,"我问,"你知道总有一天妈妈、爸爸和你都会死吗?"

"知道。"他回答。

"我快六十岁了,"我解释道,"我可能再活二十年。"

"我认为你活不了那么久,"他说,"但也许差不多。"(谢谢你,本杰明!让我们走着瞧。)

然后我问:"你知道你随时都可能会死吗?"

他说:"我认为我不会很快就死。"

"但是,"我回答说,"你有可能会很快就死。这不是我们控制范围内的事情。你很年轻,所以你可能活很长时间。但是因为我们正在开车,五分钟后我们就可能会发生车祸,我们两人都可能当场死亡。因此,即使你非常非常年轻,你也可能随时死亡。如果你保持健康,你活得很长的可能性就会增加。但归根结底,我们什么时候死不由我们控制。"

本杰明点点头,似乎明白了。幸运的是,我们几分钟后安全到家。

那次交谈是几天前的事。昨天,我到学校接本杰明。他和其他几个同龄的孩子列队走出校舍,都戴着口罩。我也戴着口罩。

此时是 2021 年初,新冠全球大流行的第二年。新一波感染浪潮正在席卷整个欧洲,病例数量创历史新高。世界卫生组织宣布,这波新冠病毒感染造成的死亡率可能比欧洲第一波感染中的死亡率高出五倍。这当然可能发生——谁知道呢?我所知道的是,斯多葛主义可以帮助我们平静地面对死亡,并保持情绪平衡。在这些不确定的时代,斯多葛主义是一种理想的哲学。

从学校接到本杰明后,我们戴着口罩走着去办一些事。当我们穿过萨拉热窝老城区一条美丽繁忙的街道时,本杰明为了安全起见把手伸进了我的手掌里。在这里过马路,对成年人来说也相当危险,更不用说对孩子了。

从塞涅卡那里我学到的一个斯多葛主义的做法是,把每一天都当作我生命中的最后一天。因此,我每天都问本杰明:"你知道我爱你吗?"他总是说:"知道。"我问他这个问题的原因只有一个:如果这真的是我的最后一天,我希望他知道这一点。

本杰明现在七岁了,他已经能够熟练地表达自己的观点。当我们手拉手走在街上时,我真切地感受到爱在我们之间流动,在手拉手的两个生物之间流动。抚养孩子让我体会到了斯多葛学派所用的一个词"菲罗斯托利亚"(philostorgia)的美妙,这个词的意思是"家庭之爱"。

艾比克泰德让他的学生记住他们的孩子是会死的,这个想法让人生畏,有些人觉得他有点病态。相反,当我牵着本杰明的手走在街上时,我有一种完全不同的体验。记住我们终将死亡的斯多葛做法,让我更加感激这次在一起的时光。它让我的心胸更加开阔。

克服终极恐惧

> 首先,从对死亡的恐惧中解脱出来……然后把自己从对贫穷的恐惧中解放出来。
>
> ——塞涅卡,《书信》80.5

在塞涅卡的哲学中,死亡是"终极恐惧",因为它通常是任何人都能想到的最糟糕的结果。假设你是一名心理学家,你的顾客担心他或她会发生可怕的事情。你可能会说:"好吧,让我们想象一下这确实发生了。接下来可能发生的最糟糕的事情是什么?"

如果你一遍又一遍地问同一个问题,弄清楚事情到底会变得多么糟糕,那么最终你的顾客会回答:"那样我可能会死。"因为严格来说,死亡是终结,很难想象在那之后会发生什么更糟糕的事!

通过这种方式,我们可以看到死亡为何是"终极恐惧"。基于这一认识,塞涅卡和其他罗马斯多葛学派认为,一旦我们能够摆脱对死亡的恐惧,其他一切都变得容易得多。随着对死亡的恐惧消失,其他恐惧也失去了力量。

因此,克服对死亡的恐惧是获得自由的关键。正如塞涅卡所写:

> 任何一个临终时仍能像出生时一样心满意足的人已经成了智者。但实际上,当这个危险逼近时,我们会颤抖,思绪全无,脸色苍白。泪流不止却无济于事。还有什么比正好要跨进宁静的门槛时被担忧压倒更丢脸的呢?

艾比克泰德和马可·奥勒留对此持类似的看法。艾比克泰德指出，人类所有邪恶和怯懦的根源"不是死亡，而是对死亡的恐惧"。塞涅卡说，对于已经克服了死亡恐惧的人来说，可以心满意足、沉着地放下生命，而其他人则感到恐惧。那些害怕死亡的人"紧紧抓住生命，就像那些被冲下急流的人紧紧抓住荆棘和边角锋利的岩石一样"。

塞涅卡坚持认为，正是出于这个原因，死亡是对品质的终极考验。在给卢西利乌斯的信中，他在谈到自己时向卢西利乌斯解释说，有人活着的时候可以说任何话，相信任何事，并且勇敢地行动。而在死亡的边缘，他们的话是否属实将变得清晰。塞涅卡说，在他去世的时候，人们会清楚地看到"我在这方面取得了什么样的进步"。因此，死亡将对我们进行评判，揭示我们真实的品质。他写道：

> 讨论、学术研讨会、哲学家的格言和高调的谈话，所有这些都不能显示出心灵的真正力量。即使是最懦弱的人也说大话。只有在你最后咽气的时候，你真正取得的成果才会清楚。我愿意接受这一考验，不害怕评判。

那么，如何克服对死亡的恐惧呢？因为斯多葛学派是哲学家，他们试图理性地看待死亡。然后，他们提出了理性的论据来解构与死亡相关的任何恐惧。下面列出了其中一些论据。塞涅卡和其他罗马斯多葛派哲学家在著作中对这些论据进行了更全面的解释：

第一，死亡只是生活中自然的一部分。我们出生时就达成一项协议：总有一天，我们会死。死亡只是生命中自然的一部分。正因为如此，也因为生命和自然都是美好的，我们应该毫无恐惧、毫无怨言地接受死亡。在写作信件期间，塞涅卡拜访了他的老朋友兼老师德米特里厄斯，他是一位垂死的伊壁鸠鲁派哲学家。德米特里厄斯向塞涅卡解释说，人们对死亡唯一恐惧的是它的不确定性。德米特里厄斯说，否则的话：

> 不愿死的人永远不会希望活，因为我们被赋予生命的条件是它必然要结束……死亡是一种必然，平等地、不可避免地分配给所有人。谁能抱怨自己与其他人处于同样的状况？平等最重要的因素是公正。

换句话说，死亡不是一种惩罚，而仅仅是活着的最终结果。既然这是一条自然法则,平等地适用于每一个活着的人,就没有什么好害怕的。

第二,不管死后发生什么,我们都没事。塞涅卡说:"死亡要么吞噬我们,要么让我们自由。如果我们被释放,更好的东西会留下,因为我们的负担已经卸下。但是如果我们被吞噬,那就什么也不会留下:好事和邪恶一起被消除。"换句话说,如果灵魂被摧毁,就不会有任何东西去体验痛苦。如果灵魂真的存活下来,它将以一种新的形式开始一次新的冒险。[2] 无论实际发生什么,结果都不是有害的。

第三,从哪里来又回哪里去,这有什么可怕的? 这被称为"对称论证",被许多古代哲学家使用。如果死亡仅仅是指不存在了,那么当你死后,你是回到你出生之前的状态。如果这一解释是正确的,那么我们出生前的状况又在我们死后出现:在生命的任何一边,都有巨大的和平,没有任何痛苦。

伊壁鸠鲁有句名言,"死亡对我们来说什么都不是",他这样说并不是在显得高人一等或在藐视死亡。他只是在解释上面这个论点。在他看来,死亡对我们来说不算什么,因为死后就没有感受痛苦的"我们"了。[3]

斯多葛学派相信，灵魂，或者我们的精神和生物的生命力量，是物质的。正因为如此，他们留下了一个可能性，即灵魂在我们肉体死亡后可能以某种方式存活，或者它可能存活一段时间。另外，它也可能和整个宇宙的智慧和生命力量融合在一起。塞涅卡和马可·奥勒留不确定这种情况是否可能，但他们都对其可能性持开放态度。无论如何，不管死后实际发生什么，没有一个斯多葛学派相信死亡是有害的，即使是在最坏的情况下（即我们完全被消灭的情形下）也是如此。

究竟是什么使人生值得一过？

> 生命的美好并不取决于生命的长度，而是取决于我们如何利用生命。
>
> ——塞涅卡，《书信》49.10

斯多葛主义者努力取得进步，而进步就是一次旅程。对塞涅卡来说，这项工作有一个明确的终点：成为一个有美德或"完整"的人。它要求我们培养品质和理性，以便能够理解和拥有生活中真正美好的东西。当一个人到达这个终点时，除了已经形成坚实的品质，人类的自由、安宁和持久的愉悦也会产生（见第十四章）。在塞涅卡看来，在这一刻，生命实现了真正的圆满，人们获得了最丰富的人生。此时，一个人就获得了塞涅卡所说的"幸福生命"——一种深刻而持久的幸福状态。尽管我不愿在不同的传统之间进行对比，但读到塞涅卡对这个状态的描述时，很难不想到东方传统中的"般若"或"解脱"这两个词。

一旦有人获得了幸福的生命，他或她的生命就是真正完整的，不管其长度如何。对塞涅卡来说，这也意味着一旦我们获得了真正的幸福或幸福的心态，活得更长并不会让我们更快乐。虽然活得更长不会让我们更满足，但那些额外的日子或岁月就像给幸福生命锦上添花。正如他所写的，高尚或幸福生命的一个主要品质是"它不需要未来，也不计算它的日子"。这是因为"无论在什么时候，它都享受着永恒的幸福"。对塞涅卡来说，找到真正的幸福就是去体验永恒而且无法超越的事物；这是"顶峰"，是活着的全部意义。

正如塞涅卡在不同的著作中反复强调的，重要的是一个人的生命质量，而不是它的数量或长度。我最喜欢他的一段描述是，生命就像一部戏：重要的不是戏的长度，而是演出的质量。

对塞涅卡来说，生命中最重要的事是获得高尚的品格，而不是生命的长短。要获得幸福生命，就要充分地生活，而不管它的长短。相比之下，他指出，许多老年人只是"存在"了很长时间，但从未真正生活过。不幸的是，有些人甚至在开始充分生活之前就已经死了。

塞涅卡举了一个例子。他写信给卢西利乌斯，谈到他们一个共同的朋友、哲学家麦特尼克斯。尽管麦特尼克斯英年早逝，但他已经培养出了非常优秀的品质。有人可能会哀叹麦特尼克斯的早逝，对此塞涅卡回应说：

> 他履行了好公民、好朋友和好儿子的职责。他在任何方面都不差。虽然他的寿命不完全，但他的生命本身是完美的。另一个人看起来活了八十年，但只是存在了八十年——除非你所说的"活"是指树木那样的"活"。我求求你，卢西利乌斯：让我们继续这样做吧，让我们的生命就像最珍贵的东西一样被衡量——不是看它们的大小，而是看它们的价值。让我们通过生命的表现来对其进行衡量，而不是它持续的时间。

简言之，塞涅卡认为，让一个人生命圆满的是生命的质量，而不是长度。

年老的益处与危险

> 我们的好处不是仅仅活着，而是要活得好。因此，智者只会活他应该（像智者一样）活的那么久，而不是能活多久就活多久。他总是考虑生命的质量而不是数量。
>
> ——塞涅卡，《书信》70.4

没有人知道自己能活多久；这完全超出了我们的控制范围。尽管如此，鉴于医学和技术的显著进步，自塞涅卡时代以来，如今一个人活到高龄甚至超过九十岁的可能性大幅增加。但随着年龄的增长，困难也随之而来，就像塞涅卡乡村别墅正在碎裂的石头一样。到了某一时刻，一个越来越老的建筑将一点一点地倒塌。这也适用于衰老的身体。

对塞涅卡来说，老年是一种福气，也可能是人生中最愉快的时光之一。正如他所写：

> 让我们拥抱并热爱老年。如果你知道如何去体验它，

它将充满乐趣。水果成熟时最甜，就在它们变质之前。童年的魅力在它的尽头是最大的。那些醉心于葡萄酒的人觉得，正是最后一口让你感到快乐——它让你迷糊，最终醉倒。每一种快乐都把它最甜蜜的时刻拖到最后。人生最快乐的时光是在下坡但还没有越过悬崖边缘之前。我相信，即使是站在最边缘的时光也有它自己的乐趣。

塞涅卡认为老年是值得珍惜的，老年可以是人生最幸福的时光之一。但是，如果你活得足够长，生命就会像"磨蹭不走的死亡"。也许是因为他们对死亡的恐惧，一些人认为在任何情况下都应该不惜任何代价保护生命，即使这意味着让所爱的人在机器上无意识地活着，没有恢复的希望。你可能已经猜到了，塞涅卡不会同意这种做法。他写道："什么样的生命是磨蹭徘徊的死亡？有谁愿意在痛苦中虚度光阴，一点一点地死去，一口一口地停止呼吸，而不是一次呼出最后一口气？"

塞涅卡反复指出："重要的不是你能活多久，而是你活得有多高贵"，被独自留在病房里，四肢一点点散架，并不是离开这个世界的最高贵的方式。因此，塞涅卡的哲学在今天对思考生命终结问题具有重要意义。

希腊和罗马的斯多葛学派都允许在极端的情况下自杀，这些极端情况在古代世界比现在更可能存在。除了自杀，毫无疑问，塞涅卡会大力提倡安乐死，或者说"好死"，而不是在失去正常生活能力的状态下继续活上一段时间。正如他所写："很少有人能在毫发无损的情况下度过极度衰老迈向死亡，许多人动弹不得，无法使用自己的身体。在这种情况下，生命中最严重的损失就是失去了结束生命的权利。"

塞涅卡认为人们不应该渴望老年，但也不应该拒绝接受它。简言之，由于每个人的生活都是不同的，老年可能是一件好事，也可能是一种阻碍。他写道："如果你已经让自己成为一个值得与之共度时光的人，那么尽可能长时间地与自己在一起是一件令人愉快的事。"

尽管如此，塞涅卡认为这两者之间有明确的分界点，他个人会划定一个界限。他在给卢西利乌斯的信中说：

> 我不会放弃年老，只要它仍能保存我的完整自我，也就是我的整个美好部分。但如果年老开始粉碎我的思想，摧毁我的很多部分——如果我不能活着，只能呼吸——那么我将从那座摇摇欲坠的大厦中跳出来。

这是很有道理的，因为对一个斯多葛学派的人来说，仅仅能够继续呼吸而没有智力活动——能够思考、认识和欣赏——根本就活不下去。

把每一天都当作生命的最后一天

我的目标是把每一天都当作一辈子。

——塞涅卡，《书信》61.1

每个人都听过这种说法："过好每一天。"不管这句话是否可以追溯到塞涅卡，但其思想肯定可以追溯到他。

塞涅卡反复指出，人们因为担心未来而变得焦虑。那是因为他们还没有"发现自己"，他们对自我的了解不足以让他们充分地生活在当下，并深深地享受当下。

塞涅卡建议，我们应该把每一天都当作"全部的生命"来度过，就好像这是我们活着的最后一天。对塞涅卡来说，这一想法是一种卓越的内在练习，将他作品中的许多不同主题联系在一起：幸福生命的圆满、活在当下的重要性、铭记死亡以及让我们从包括死亡恐惧在内的所有焦虑中解脱出来。

正如史蒂夫·乔布斯在一次对大学生的演讲中所说的

那样:

> 17岁的时候,我读到一句格言,大意是:"如果你把每一天都当作生命的最后一天来过,总有一天你会证明自己是对的。"这句话给我留下了深刻的印象,从那以后,在过去的33年里,我每天早上都照镜子问自己:"如果今天是我生命的最后一天,我想做我今天要做的事吗?"每当答案连续太多天都是"不"的时候,我知道我需要做出改变。[4]

遗憾的是,我们永远不会知道是不是塞涅卡的话激发了乔布斯的每日冥想。不管怎样,这无疑是一个很好的做法。作为一种日常冥想,它鼓励一个人反思他或她的整个生命,包括那一刻的生命质量。

塞涅卡完全相信,每一天都可能是我们的最后一天。他认为我们应该将日益临近的死亡纳入考虑,不带一丝焦虑,而是愉快地接受,哪怕死亡今天就要到来。从现实意义来说,这意味着我们不应该在睡觉前留下任何重要的事情没有做完。"让我们冷静下来,"他写道,"就好像我们已经走到了尽头。让我们什么都不要耽搁。让我们每天都对生命进行结算。"这种做法鼓励人们不要认为所拥有的一切都理所当然，要怀着感恩之心回顾自己的生命，并提醒我们根据最深刻的价值观，尽可能充分地生活。

对塞涅卡来说，能够怀着感激之情入睡，想着生命可能真的会结束，是一个拥有完整生命的人的标志。但是，如果我们早上能够醒来，"让我们高兴地接受它"，怀着感激之情接受新的一天。塞涅卡写道："作为自我的最幸福、最快乐的拥有者，他会无忧无虑地等待第二天。能说出'我已经完成了生命'的人，每天早上起来都有收益，因又多获得一天。"

第十二章

给悲痛留一席之地

> 无论我们如何强忍泪水,泪水都会流下来,流泪可以缓解我们的情绪。
>
> ——塞涅卡,《书信》99.15

让泪水流下

早期的希腊斯多葛学派有一个不同寻常的、残酷而奇怪的理论:如果一个斯多葛学派的圣人或智者失去了亲密的朋友,他不会为朋友的死而哭泣,因为这种情绪来自错误的信念。塞涅卡强烈反对这一观点,他认为悲痛的眼泪是完全恰当的。他写道:"我知道,有些人的智慧是残酷的,而不是勇敢的,他们说一个圣人永远不会感到悲痛。"他认为这是不人道的。塞涅卡在其他地方写道:"我不会把圣人从人类的总体范畴中剔除,我也不会剥夺他痛苦的感觉,将他当成一块毫无感情的石头。"

对塞涅卡来说,我们失去所爱时流下的眼泪不是来自错误的判断,而是发自内心最深处的人类自然情感。换句话说,它们出自本能。塞涅卡在他的一封信中描述了他为一位亲密朋友的去世而哭泣的情形。在塞涅卡被克劳迪乌斯皇帝放逐到科西嘉岛的二十天前，他的独生婴儿夭折。几乎可以肯定塞涅卡也为此流过泪。他描述了孩子如何在奶奶赫尔薇娅怀抱中死去的情形。当时赫尔薇娅疯狂地亲吻孩子。马可·奥勒留也失去了许多孩子，而且众所周知他曾因朋友的去世而在公众面前哭泣。

塞涅卡认为，我们哭泣是一种自然的生理反应，一种自然的人类感觉（见第四章）。悲痛和哭泣发自本能，它们不像消极情绪那样基于错误的信念或判断。塞涅卡很清楚，即使是动物也会为失去后代而悲痛。如果母鸟回到巢中发现丢了一个蛋，它们也会感到痛苦。即使是在不同的物种间也是如此，狗常常在主人去世时为他哀恸，就像人们为失去宠物而哀悼一样。

塞涅卡严肃对待悲痛这个问题。事实上，他写了五部独立的作品来安慰失去亲人的朋友和家人。在这些作品中，他为我们提供了宝贵的建议，告诉我们如何适度地表达悲痛，如何在悲痛出现之前减轻它的刺痛，以及如何将悲痛转化为更好的东西——对我们失去的人的快乐回忆。

塞涅卡对待悲痛的基本原则是，我们应该给予悲痛一席之地。换句话说，我们应该让我们自然的眼泪自由地流淌，决不能强迫它们流下，决不能因为在别人面前而让我们的悲痛显得更加强烈。

对于塞涅卡来说，有不同种类的眼泪。当我们第一次得知失去所爱之人的噩耗时，当我们看到遗体时——或许是在葬礼上——我们流下的是震惊的泪水。我们无法控制这些眼泪。这就好像它们被大自然从我们身上推了出去，悲伤的痛苦使人深深地喘息，并震动整个身体。这种眼泪是不由自主的，我们无法控制。

另一种眼泪，我们可以称为快乐的眼泪，出现在我们甜蜜地想起我们失去的人时。我们想起那个人悦耳的声音，我们曾经愉快的交谈，以及他或她值得注意的行为。不同于苦涩的震惊之泪，这些眼泪不是强加于我们，超越我们意志的，而是源自我们快乐和甜蜜的回忆。

有时，哪怕是斯多葛圣人，眼泪也会夺眶而出。它不是消极情绪的表现，而是一个人人性的标志。同样，塞涅卡指出，当一个人感到安宁和平静时，也有可能会流泪。

寻找中庸之道

> 当你失去朋友时,不要让你的眼睛干燥,也不要让眼泪泛滥。我们可以哭泣,但决不能呼天抢地。
>
> ——塞涅卡,《书信》63.1

> 即使是悲痛也要适度。
>
> ——塞涅卡,《致玛西娅的慰问信》3.4

对于塞涅卡来说,因为我们与所爱的人有着深厚联系,自然会在失去所爱时感到悲痛并流泪。这也是一种宣泄。所有的悲痛都不能压在心里,它需要释放。哭泣是一种复杂的人类现象,人们对其还没有充分理解。但在某种程度上,我们现在知道哭泣会释放催产素和内啡肽,这些化学物质有助于缓解疼痛,改善情绪,让人感觉更好、更平静。[1]

塞涅卡对人们悲痛和落泪没有意见,只要他们是真诚的或自然的。但是有些人将他们的悲痛发挥到了超出自然需要的程度。有些人把他们的悲痛推到了疯狂的地步。例如,人们对塞涅卡第一个写信的对象玛西娅知之甚少,塞涅卡写信给她是为了帮助她克服悲痛，因为她对三年前儿子的去世仍然深感绝望。虽然塞涅卡认为玛西娅具有勇气和坚强的性格，但他觉得她一直保持着内心的震惊，使其变成了一种严重的疾病。正如他所说："你拥抱并抓紧你的悲痛，让它代替你的儿子活着。"[2]

塞涅卡认为，我们应该在悲痛中寻找某种克制，长时间地保持极端悲痛是不自然的。塞涅卡还反对人们在公共场合使他们的悲痛看起来比实际更强烈。正如他告诉卢西利乌斯的，让我们允许眼泪流出来，但"不要强迫它们流下。让我们跟随自己的真实情绪哭泣，但不要为了模仿别人而哭泣。让我们不要给我们真正的哀伤增添别的东西，也不要通过模仿别人来让它显得更强烈。公开展示悲痛需要的不仅仅是真正的悲痛"。

塞涅卡指出，当身边有别人时，人们往往会更大声地哀叹，以让其他人听到。而一旦旁观者离开，他们的悲痛就会减少，因为它不再需要出演。由于塞涅卡重视真实，他相信我们的悲痛应该是真实的，或者基于我们和自然的需要。它不应该成为一种在观众面前表演的形式。

正因为如此，塞涅卡在悲痛中寻求克制。我们不希望我们的悲痛中缺少爱或真情，不希望它成为一种表演形式——

甚至更糟的是，类似于一种疯狂。当我们失去身边的人时，不断被悲痛压倒可能成为一种不健康的自我放纵。相反，毫无悲痛之感是漠不关心和不人道的表现。即使在悲痛中，我们也应该在理性和真情之间寻求平衡。塞涅卡向刚失去兄弟的朋友波利比乌斯建议：

> 让理性维持在一种既不像缺乏爱也不像疯狂的中间状态，让它使我们保持一种关心而不是痛苦的心态。让你的眼泪流下，但也要让它们到时止住。让叹息从你心里最深处发出，但也让它们到时终结。控制你的头脑，使你同时赢得智者和家人的认可。

总结起来就是，随着时间的推移，悲痛自然会消散。但如果我们能走出悲痛，而不是仅仅厌倦了它，那就更好了。正如塞涅卡建议卢西利乌斯的那样："你最好放弃悲痛，而不是让悲痛抛弃你。"

减少悲痛带来的冲击

有人会为他明知不可避免的事情而哭泣吗？抱

怨某人死了，就是抱怨那个人是肉身凡胎。

——塞涅卡，《书信》99.8

当我们失去所爱的人时，不可能阻止悲痛的产生。但是，事先意识到我们认识的每个人都是凡人，有一天我们将永远阴阳两隔，我们便可以将悲痛带来的冲击降到最低。塞涅卡甚至认为，当一个人生下一个孩子时，最好想到"我生下的是一个凡胎"。这不是一个无情的想法，只不过是关于人性的真理。

事先知道某人正处于死亡的过程中，可以大大减少失去他们时的震惊或惊讶。我二十七岁时，我那曾有着非凡人生的父亲住院了。很明显，他的大限即将来临。大约一个月后，12月31日，他去世了。我后来常说："他和旧的一年一起走了。"如果他再活六天，他就七十五岁了。当时，我经历了深深的悲痛。但是，由于每个人都预计到了他的寿终，我们感到的震惊远没有他在毫无预兆的情况下死亡那么强烈。

正如塞涅卡所指出的，"那些已经预期痛苦到来的人，在痛苦来临时会移除它的力量"。不过，很难想象那些正处于壮年，甚至比我们年轻得多的人，可能会在任何时候突然死亡。这就是为什么不时提醒自己这种情况可能会发生的做法是有帮助的。就连塞涅卡在密友安纳库斯·塞雷努斯英年早逝时也没有听从自己的建议，他向卢西利乌斯吐露："我为我亲爱的朋友哭得太多了。"那是因为塞雷努斯年轻得多，正如塞涅卡所说："我从来没有想到他会死在我前头。"他总结道："让我们不断地想到我们自己的死亡和我们所爱的人的死亡……任何时候可能发生的事情，都可能在今天发生。"

我最喜欢的斯多葛主义思想之一是，我们拥有的一切，或者我们相信自己拥有的一切，只是从宇宙"借来的"。一切如此。总有一天，所有这些东西都需要归还。塞涅卡在给玛西娅的信中提到了这一点。玛西娅当时仍然沉浸在对儿子死亡的极度悲痛中，就好像这件事昨天刚刚发生一样。塞涅卡告诉玛西娅，"所有在我们周围闪闪发光的非凡事物"，包括孩子、荣誉、财富以及一切依赖于不确定机会的事物，"都不属于我们，而只是借来的"。这当中没有一样是永久的礼物。塞涅卡进一步解释说：

> 我们必须在爱他们（它们）时意识到，没有谁承诺我们可以永远拥有他们（它们），也没有谁承诺我们将拥有他们（它们）很长时间。我们必须经常提醒自己，对待所爱的人和事物，我们应该像他们（它们）肯定会离

开我们或者已经离开那样去爱。接受命运之神赐予的一切，但要意识到没有保证。

艾比克泰德说："永远不要说'我失去了什么'；只是说，'我已经归还'——即使那是一个深爱的人。"波利比乌斯的兄弟去世时，塞涅卡给波利比乌斯写信说："让我们为赐予我们的东西感到高兴，当我们被索还时，让我们归还它。"塞涅卡在其他地方解释说，正确看待世界的人会意识到，他的所有财产甚至他的生命，都是命运之神暂时的馈赠。这样，他将视生命中所有东西都是借来的，当宇宙最终收回这些礼物时，他已做好准备，毫无遗憾地归还。

一些读者错误地认为，斯多葛学派提倡这种思考方式，是在主张人们与周围的人进行情绪分离。没有比这更离谱的了。知道没有什么是永恒的，这种态度只是在接受客观事实。这与一个人深情地爱人的能力无关。意识到我所爱的人都是无常的，会鼓励我更加珍惜他们，让我对我们在一起的有限时光更加心怀感激。

化悲痛为感激

时常记得,但不再悲痛。

——塞涅卡,《书信》99.24

不要抱怨东西被拿走,但要对你得到的馈赠心怀感激。

——塞涅卡,《致玛西娅的慰问信》12.2

塞涅卡有最巧妙的策略来消除长时间的悲痛。当我们失去所爱的人时,我们肯定会悲痛一段时间。但是当悲痛开始消退时,我们可以用幸福和快乐的回忆来代替那些悲伤的感觉。

塞涅卡深邃的洞见是,从某种程度上说,悲痛是自私的,缺乏对我们所爱之人的感恩之心。与其不怀感恩之心地悲伤,不如让我们对我们在一起的美妙经历心存感激。他给一个失去小孩的朋友写信说:"许多人不去数他们得到过多少巨大的恩赐,经历过多少欢乐。这就是为什么你的这种悲痛糟糕的原因:它不仅毫无必要,而且是毫不领情的表现。"

他继续写道:

> 你会将你和朋友的友谊与他一起埋葬吗？你为什么要对失去他感到哀伤，就好像他没有使你受益？相信我：哪怕际遇之神已将我们爱过的人拿走，但他们还是给我们留下了大部分东西。过去的时间属于我们，由我们保管，没有什么比这些保管起来更安全。

塞涅卡无疑是对的，假以时日，悲痛可以由快乐的回忆取代。在我父亲去世后的几年里，我会感到一些季节性的悲伤，出现在每年年底他的忌日前后，就好像他应该在的地方空空荡荡。许多失去家人的人也经历过这种季节性的悲伤。不过那是很久以前的事了。今天我回忆起我的父亲，甚至是他去世的时候，我一点也不悲伤，只是对我们一起度过的时光有一种幸福感和感激之情。但是，当一个人的内心充满悲痛和忧伤时，很难腾出空间来安放对所爱之人的快乐回忆和感激之情，而后两者是对他们更深刻的纪念。用感激取代悲痛不仅仅是可能的，还对过上幸福生活至关重要。

塞涅卡说，这个策略甚至适用于那些失去孩子的人。即使他们的生命短暂，他们留下的记忆仍能带给我们快乐。正如塞涅卡告诉玛西娅的那样："每当你想起你的儿子，每当你提到他的名字时，你儿子都值得让你感到高兴。如果你愉快地面对他留下的记忆,就像他生前你每次迎接他那样,你就给了他更深刻的怀念。"塞涅卡说,与其悲伤,不如记住你和儿子一起度过的所有快乐时光,以及"他孩子气的、充满爱意的爱抚"[3]。

第十三章

爱与感恩

感恩之心容不下焦虑。所有的担忧都应该用深深的自信和对真爱的意识来消除。

——塞涅卡,《论恩惠》6.42.1

斯多葛主义的爱和关怀

我们已经看到,对斯多葛学派冷酷无情的刻板印象是不正确的。事实上,斯多葛学派认为爱和关怀是人类的主要情感。他们把爱作为一种情感单独归入一个范畴。在塞涅卡看来,斯多葛学派比任何其他哲学流派都更热爱人类。他们认为,爱和关怀构成了人类社会的基础。他们意识到父母本能地爱他们的孩子,也认为这种原始的爱可以向外延伸到全人类。这就是为什么塞涅卡写道:"社会只有通过各部分的相互保护和关爱才能保持健康。"正因为如此,斯多葛主义伦理学从根本上来说建立在爱的基础上,这样说一点不夸张。人们彼此相爱这一事实是自然法的一个方面,它为人类共同体和社会提供了自然基础。

作为斯多葛学派中最具人文情怀的作家，塞涅卡经常提到爱、关怀和感恩的重要性。塞涅卡在作品中用友好和关怀的口吻谈论他生活中的人，我们从中对爱的重要性了解得最多。正如古典学者安娜·利维迪亚·莫托指出，"塞涅卡从自己的家庭成员那里学到了很多关于爱、善良和慷慨的知识"。在塞涅卡的作品中，"人们可以看到他从爱的各个方面对爱的真谛有着深刻的理解——爱家人、爱朋友、爱配偶、爱同胞和爱国家"。

我们可以把所有的爱看作一种情感，不过，罗马斯多葛学派强调了一种特殊的爱——philostorgia，可以翻译为"家庭之爱"或"人性之爱"。这是斯多葛学派针对人类总体而言的爱，是一种博爱，即爱全人类的形式。马可·奥勒留反复提到这种爱。正如他经常提醒自己的那样，我们生来就是爱他人和人类本身的。"爱那些命运安排到你身边的人，"他写道，"但要真心地爱他们。"

奥勒留还写信向他的老师们表示感谢。在对一位老师、哲学家塞克斯图斯的评论中，他似乎总结了斯多葛主义对爱和情感的总体态度。奥勒留告诉我们，塞克斯图斯从来没有表现出一点愤怒或任何其他消极情绪的迹象。"他完全不受负面激情的摆布，充满了人性之爱。"这正是斯多葛派的理想：

对他人充满爱，完全没有暴烈的消极情绪。

最后，斯多葛学派认为，一个人应该无私和慷慨地爱，不期待有所回报。用哲学家威廉·斯蒂芬斯（William O. Stephens）的话来说，"一个人可以无条件爱另一个人，不以总是或偶尔得到回报作为条件。这是一种信念，即爱应该带着纯粹的快乐之情无私地给予，而不掺杂遗憾"。

斯多葛主义的感恩之情，古代和现代

另一种几乎完全被忽视的斯多葛主义情感是自然的感恩之情。感恩在罗马文化中尤为重要，塞涅卡和其他罗马斯多葛主义者一贯强调感恩的重要性。西塞罗说："感恩不仅是最伟大的美德，也是其他美德之母。"塞涅卡写道："在我们众多严重的恶习中，忘恩负义是最常见的。"塞涅卡写了一部长篇著作《论恩惠》（*On Benefits*），被称为"西方思想中第一本（也是几个世纪以来唯一一本）讨论感恩的伟大论著"。这本书的部分内容是关于给予、欣赏和报答"恩惠"的艺术。

在塞涅卡时代和他之前，富有的罗马赞助人会遇到"客户"在早上向他们问候，请求获得经济、社会或政治方面的利益或好处。然后,他们将一起走过罗马讨论商业和政治问题的广场。他们给予的恩惠通常会以某种方式得到回报,因此形成了一个完整的社会准则和给予、感谢与回报的循环。[1]这是一种将社会凝聚在一起的黏合剂,尤其是在罗马的精英公民中,但它并不是塞涅卡关于感恩的著作的主要焦点。事实上,在整个感恩哲学中,没有一个人"像塞涅卡那样具有革命性和激进性"。哲学家阿什拉夫·拉什迪解释说,这是因为塞涅卡改变了后来的思想家对整个感恩主题的思考方式。拉什迪强调,塞涅卡讨论了他之后的思想家会思考的各种感恩类型——包括神圣感恩、宇宙感恩、世俗感恩、个人感恩等。

我们将看到,几千年来人们的感恩有三种主要类型。奇怪的是,尽管感恩在罗马斯多葛学派中至关重要,但斯多葛学派中的感恩主题几乎被完全忽视。

爱和感恩是相辅相成的,因为它们都包含了欣赏的成分。不欣赏一个人而爱他或她,即使不是不可能,也是很困难的。感恩也是一种欣赏。斯多葛派作家唐纳德·罗伯逊(Donald Robertson)曾经发表过一次关于"斯多葛派与爱"的演讲,他提出,"我们可以将斯多葛主义视为本质上是关于爱的哲学"。同样地,我们可以说,"欣赏和感恩是斯多葛学派看待世界的框架"。即使我们和周围的每一个人都是凡人,斯多葛主义者仍然可以用爱、欣赏和感恩去理解他们。虽然这一点并不神秘,但对斯多葛主义有关感恩的另一个层面,一些读者一开始可能会感到困惑。这种"不同类型的感恩"被称为"宇宙"或"非个人"感恩,因为它不针对特定的人。

当开始进行斯多葛主义哲学练习或冥想时,我惊讶地发现它们会产生感恩和欣赏的感觉,我已在本书前面提到了其中的一些例子。例如,当我练习"对未来逆境进行预演",想象我的房子被大火或地震摧毁(第六章)时,我再一次对一个因熟悉而变得无聊的家心怀感激。马可·奥勒留甚至将这种感恩视为斯多葛学派修行的一个目标。他解释说,为了体验幸福,与其寻找新的东西,不如欣赏我们已经拥有的。他提醒自己:"不要梦想你还没有拥有的东西。相反,想想你确实拥有的让你心存感激的巨大恩惠,提醒自己,如果你没有得到这些恩惠,你会多么想念它们。"

我的第二次感恩体验是在练习"铭记死亡"时。这个练习是斯多葛派倡导的冥想,记住我自己终有一死和我所爱的人也是凡人的事实(第十一章)。在新冠病毒大流行的高峰期,我和我的小儿子一起走在街上,两人都戴着口罩,感受着他的小手握在我手中的温暖。我想到我们都是凡人,在某个时刻我们将永远分离的事实。这让我深深体会到感恩之情,不仅感恩那一刻我活着和他在一起,还感恩我们未来在一起的时间,不管它有多长。通过反思我们终将死亡的事实,我们不仅更加珍惜生命,它还极大地强化了我们在当下活着的感觉。

另一个斯多葛式感恩的例子是用感恩取代失去父亲时的悲痛。那时我还没有开始读塞涅卡,随着时间的推移,我的悲痛自然消失了,取而代之的是幸福的回忆。我开始对我们一起度过的美好时光心存感激(见第十二章)。塞涅卡推荐这种做法来帮助人们克服悲痛。回想起来,如果我当时有意识地专注于对他生命的感恩,而不是让时间来帮助我,我的痛苦本来可能会更快地减轻。

斯多葛学派关于感恩的另一个观点是,在我们即将死去的时候,我们应该感激宇宙给予我们的生命和所有的经历。我们将在本章末尾探讨这个观点。

理解感恩

我们应该尽一切努力心存感恩。

——塞涅卡,《书信》81.19

感恩的吸引力在于,它既是一种情感,也是一种美德。然而,用哲学家罗伯特·所罗门(Robert Solomon)的话来说,它是"最常被忽视的情感之一,也是最被低估的美德之一"。他指出,感恩决定了我们与他人的关系,因此它"是伦理的核心"。从斯多葛学派的角度来看,这是爱和感恩以欣赏的形式结合在一起的另一种方式:它们都使一个运转良好的道德社会成为可能。在道德方面,我们不会认为缺乏爱或感恩的人是有道德的。我们会认为他们在品质上有重大缺陷。换言之,没有爱和感恩,根本不可能活得好。或者,塞涅卡可能会这样描述,没有爱和感恩,就不可能拥有"幸福生命"。

纵观现代心理学史,心理学家一直致力于试图理解人类的痛苦和病态,尽管大多数人大部分时间都很快乐。在2000年的一项研究中,人们随机接受了调查,结果是其中89%的人处在快乐的状态,很少一部分比例的人正处在悲伤状态。

最常见的负面情绪是焦虑。毫不奇怪，根据2007年的一项研究，快乐的人比不快乐的人寿命大约长14%。

近年来，积极心理学的研究，包括对感恩的研究，已经成为一个新的研究领域。P.C.沃特金斯等心理学家发现，感恩不仅仅是"情绪良好的一个重要方面"，而且"实际上会增加幸福感"。经过多年的研究，沃特金斯得出结论："感恩会提高幸福感，因为从心理上来说，它放大了一个人生活中的美好。"这是"因为对个人而言，它清楚地确定了什么人和什么事情是好的"。显然，斯多葛学派（以及世界的宗教传统）强调感恩在日常生活中的重要性，是一项重大发现。数千年后，心理学家开始迎头赶上，用科学方法研究感恩和其他积极情绪。

但究竟什么是感恩？最基本的，感恩可以描述为"对所获利益的积极认可"。这是一种对得到有价值的东西、碰到好事或收到礼物的感激之情。许多人认为，感恩必须是感谢某个人。虽然就某些类型的感恩而言，这样说是正确的，但就所有类型的感恩而言并非如此。

基本上，人们会经历三种主要的感恩类型，我在图8中总结了这三种类型。

感恩类型	感恩对象
个人感恩或公民感恩	另一个人
对神的感恩	神或众神
宇宙感恩、存在感恩或非个人感恩	自然、宇宙或存在

图 8：感恩类型

1. 第一种感恩，称为个人感恩或公民感恩，因为它是针对另一个人的。在有人为我们做好事或赠给我们礼物的社会场景或市民生活场景中，我们会体验到这种感恩。

2. 第二种感恩，称为对神的感恩，因为它是针对神的（如果你是多神教的话就是针对众神）。如果你是一个宗教人士，特别是如果你是犹太人、基督徒或穆斯林，这种对神的感恩与个人感恩非常相似，因为这些宗教将神视为一个人。他们也认为神是最终的给予者。

3. 第三种感恩，称为宇宙感恩、存在感恩或非个人感恩。它不同于前两种类型的感恩，因为它不是针对人（如某个人或上帝），而是针对自然、宇宙或存在本身。有时候，它不指向任何事情，而是对所受恩赐的认可。从某种意义上说，这是一种精神感恩，也是斯多葛学派所感受到的那种感恩。但它并不是针对一个站在宇宙之外的造物主。换句话说,它不同于个人感恩和对神的感恩。

有时,这些不同种类的感激之情会相互交织在一起。例如,每天早上,我的妻子都会将一杯加牛奶的红茶放在我的床头柜上,让我醒来时喝。(如果她没给我端杯茶,就意味着她生我的气了,这总是传达出一个重要的信息!)当然,我对她本人非常感激,也总是表示感谢。但是,当我喝茶的时候,我通常也会感受到其他感恩之情,这是开始一天的完美方式。当我的意识开始集中时,有时会对茶和咖啡因本身感恩。有时,我会为坐在这样温暖舒适的床上,头顶上有一个坚固的屋顶感到欣慰而感恩,特别是想到有些人无家可归、被迫睡在外面时。有时候,我很感恩能呼吸到干净的空气。有时候,我很感恩能边喝茶边写作。有时候,我会在很短的时间内对所有这些事情心存感激。不过,除了对我妻子感恩之外,其他这些类型的感恩并不是针对某个人的。那么,我们如何解释这些其他类型的感激呢?

如果你是一个宗教人士,我希望你不会因为我这么说而对我感到失望——我不会在喝茶时把我的感激之情指向一个人格化的上帝。这是否意味着我是无神论者?答案是"不"。

不过这也并不意味着我是有神论者。就我个人而言，我讨厌被归入这些类别。如果我必须把自己套进这些概念的盒子里，我可能会说："我更像是泛神论者，像斯多葛学派，像斯宾诺莎和爱因斯坦，甚至像卡尔·萨根这样的名人。"

泛神论者相信在宇宙之外没有上帝。相反，他们相信整个宇宙都是上帝，包括塑造它的法则和原则。当然，无神论、有神论和泛神论都不是科学上可以检验的概念。但和卡尔·萨根一样，相较于将上帝视为一个存在于宇宙之外、为宇宙制订计划的人这一观点，我发现泛神论是一个更有用的隐喻。[2] 可以肯定，没有一位古希腊哲学家是这样看待上帝的。话虽如此，无论人们信仰什么宗教（或缺乏信仰），我都能与任何人愉快地相处，特别是如果他们认识到爱和感恩的重要性。这些都是把所有人团结在一起，无论他们信仰如何的品质特征和基本的人类价值观。

一种不同的感恩

一些人——主要是分析哲学家（他们关注语言）或神学家（他们相信人格化的上帝）——声称，只有对一个人也就是对别人或对上帝感恩才有意义。换句话说，他们认为宇宙感恩或非个人的感恩是不可能的。在我看来，这是一种可疑的想法，它歧视那些和他们想法不完全一样的人。这个说法意味着，你需要有特定的、有限的信仰才能感恩。它还表明，人们几千年以来所体验的某些感恩类型，并不只是在理智上不可信，更是"禁区"。

塞涅卡认为，人类应该同时感谢"上帝"和"自然"。但由于斯多葛学派是泛神论者，塞涅卡谨慎地指出，"上帝"和"自然"这两个术语是可以互换的。泛神论不是无神论，但也不是有神论。虽然上帝的观念一点也不困扰我，但我知道宗教和上帝的观念让一些人感到不舒服。因此，如果你在阅读古老的斯多葛学派著作时，遇到了"上帝"这个词，你完全可以在头脑里自由地用"自然"这个词来替换。没有哪个斯多葛派会因为你这样做而责备你。

感恩是对慷慨的回应，尤其是对免费赠送的礼物的回应。波斯诗人鲁米（1207—1273）发现太阳是慷慨的完美象征，因为用他的话来说，它唯一的属性就是给予。他写道："太阳使地球变得绿意盎然和新鲜，让树上结出各种各样的果实。它唯一的功能是给予，它什么也不索取。"在鲁米之前大约1200年前的塞涅卡会同意这个漂亮的比喻。令人赞叹的是，事实上塞涅卡自己也的确使用过这个比喻。在塞涅卡和斯多葛学派看来，大自然或宇宙是慷慨的。在一篇文章中，塞涅卡提出，无私慷慨的终极榜样是"众神"的作品，他似乎是指太阳和天体：

> 我们的目标是按照自然规律生活，并以众神为榜样……看看他们每天所做的巨大努力，他们所给予的慷慨礼物；看看他们在土地上种植的丰富庄稼！……他们做这些事情没有任何回报，也没有捞取任何好处。

作为哲学家，斯多葛学派不相信希腊和罗马传统中的众神。相反，他们将神视为自然元素和赋予生命力量的象征性化身，例如海洋、赋予生命的雨水和自然界的富饶。在其他时候，斯多葛学派使用"众神"一词表示太阳和其他天体。随着时间的推移，太阳和行星的运动描绘出有序、理性和可预测的数学模式，这突出了斯多葛学派对受自然法则约束的理性宇宙的信念。

作为泛神论者，斯多葛学派不相信一个站在宇宙之外的人格化的神，比如有神论和基督教的上帝。[3] 但他们不是无神论者。只不过，他们相信存在于自然界和宇宙中的深层的、统一的力量，我们可以将其描述为理性的、"神圣的"、辉煌的、自然界秩序和美丽的源泉,以及令人钦佩的东西。塞涅卡清楚地总结了斯多葛学派的观点:"除了上帝和渗透整个世界及其所有部分的神圣理性之外,自然还能是别的什么?"我们还必须记住,对于斯多葛学派来说,上帝不是超自然的,而是像充盈宇宙的气息或生命力一样的物质。

可以肯定,作为对逻辑和科学感兴趣的哲学家,斯多葛学派对上帝之类观点的看法与他们的大多数邻居截然不同。例如,他们没有从字面上理解关于神的传说和神话。相反,他们提出了符合理性的象征性或寓言性的解释。与此同时,他们也并没有回避当时的宗教实践。与爱和感恩一样,斯多葛学派认为敬畏和虔诚是维系社会的重要美德。

对于罗马的斯多葛学派和今天的许多人来说,感恩不仅仅是一种人际或社会情感。我们可以通过很多方式来体验和感激不是来自某个人的礼物和恩惠。例如,塞涅卡强调了我们从大自然收到的所有不可思议的礼物。在一篇文章中,他列举了其中的一些。他提到"如此多的美德……如此多的技能……我们无所不晓的头脑转起来比天体还快"。我们被给予了"如此多的食物,如此多的财富,如此多的恩惠层层堆积"。他说,大自然给了我们如此多的礼物,如果不感到感激,那将是荒谬的。他总结道,对大自然慷慨大方的任何正确评价都会迫使你承认你是她的宠儿。

哲学家弗里德里希·尼采（Friedrich Nietzsche）是一位公开宣称"上帝已死"的无神论者。一些人将他视为虚无主义的先知。但在其职业生涯的最后，尼采经历了"完美的一天"，自然感受到了深深的感激。他描述，在那一天，不仅葡萄在秋日的阳光下成熟，而且"一缕阳光照耀了我的生命"。他写道："我看看后面，看看前面，从来没有一次看到过这么多美好的事物。"然后尼采问："我怎么能够对我的整个生命不心存感激呢？"

同样，我们这个时代最著名、最直言不讳的无神论者理查德·道金斯（Richard Dawkins），曾被问及是否有过宗教体验。虽然道金斯说"我不会称之为宗教体验"，但他确实说他对自己的存在感到深深的感激。他用深沉动人的语调解释了其中一些体验：

> 当我在晴朗的夜晚仰躺着遥望银河，看到浩瀚的太空，并想到它们也历经了浩瀚光阴时；当我看着大峡谷，想象地层在人类大脑无法想象的悠远时期里一直下沉，下沉，下沉时，我被一种几近崇拜的感觉所充斥。不是在崇拜任何人格化的东西，就像爱因斯坦不崇拜任何人

格化的东西一样。这是一种抽象的感恩,感恩我能活着欣赏这些奇迹。当我俯视显微镜时,也有同样的感觉。我很感恩活着欣赏这些奇迹。

显然,作为无神论者,尼采和道金斯都不是在对上帝的存在表示感恩。就像我在早上醒来喝茶的时候所体验的那样,很多感恩的感觉并不指向任何人。我也相信这些宇宙的、非个人的或存在感恩体验是相当普遍的。许多人都会有这种体验,这增加了他们的幸福感。甚至无神论者也会体验到。但我们该如何解释呢?

正如哲学家罗伯特·所罗门指出的那样,我们不应该总是从个人关系的角度来看待感恩。相反,"感恩是一种哲学上的情感,用一句话来说,就是放眼全局"。从这个意义上说,感恩源于在更大的整体背景下体验生活。为你的整个生命感恩,为你所爱的人的存在而感恩,或者为大自然的美丽感恩,这不是"感谢谁"之类的问题。相反,所罗门解释说,它是在更大的背景下意识到这些事情,从而激发深刻的欣赏之情。正如他所说:"像许多情感一样,感恩超越了对某一特定对象的关注,而是扩展到把整个世界作为一个整体来看待。"这种感恩不仅仅是对社会交往的回应。因此,它确实值得我们关注。

斯多葛主义的欣赏

在某些情况下,感恩可以是爱的一种形式。如果你告诉另一个人,"我感恩你的存在",这相当于表达一种爱。有时候,作为表达爱的一种方式,我会简单地说:"我欣赏你。"

作为一种哲学生活方式,斯多葛主义的核心是一种深切的欣赏,爱和感恩都是从中产生的。我们可以深切欣赏日落的美丽,尽管它每时每刻都在变化,很快就会消失。它的转瞬即逝更增添了它的独特之美。同样,斯多葛主义者理解自然界的一切都是变化的、短暂的和无常的,包括我们自己的生命,而这丝毫没有减少他们对这一切深深的感激之情。

斯多葛学派不会为了幸福而寻求外在的东西,因为幸福来自内心,来自我们如何根据内心判断来看待世界。斯多葛主义者可以在生活最简单的礼物中找到深深的欣赏和感激之情,比如:日落,牵着爱人的手,甚至是最简单的一顿饭。虽然真正美好的东西就在内心,但我们仍然可以对宇宙给予我们的每一份礼物怀着深深的感激之情。同时,通过欣赏的眼光,我们可以看到,来自宇宙最好的礼物往往是免费赠送的。正因为如此,我们才可以享受简单的事情,比如在阳光明媚的早晨喝杯茶。我们还可以体验到深刻的幸福和满足感,而不必为此去无休止地购买昂贵的奢侈品。正如塞涅卡所指出的,拥有足够资源生存的人已经很富有了。当我们以欣赏的眼光看待世界时,即使是最简单的经历也有价值。

塞涅卡认为,找到幸福或安宁的人在面临死亡时,能够带着宇宙给予了一切的感恩之心回顾一生。类似地,艾比克泰德反复将生命和世界描述为一个节日。在他看来,当我们走到生命的尽头时,我们应该感谢我们活着的时光,感谢我们有机会参加这个节日。他还说,一个哲学家应该满怀感激,因为他有机会看到宇宙的奇迹,并研究大自然的基本秩序。他告诉他的学生:"愿死亡降临时,我能想到、写到和读到这些想法!"

马可·奥勒留给我们留下了一幅更加生动的画面,让我们看到斯多葛主义者在生命结束时可能会体验的那种感激之情。他在《沉思录》中提醒自己:

> 与大自然和谐相处,度过这短暂的一刻,让你的结局充满欢乐,就像成熟的橄榄可能会掉落,祝福孕育它的大地,感恩让它茁壮成长的果树。

对奥勒留来说,我们终有一天会死去这一事实是大自然天意的一部分，我们应该心存感激接受它，而不要心生怨恨。斯多葛学派意识到，相对于整个宇宙的浩瀚，我们的生命是渺小的，在某种程度上说是微不足道的。但事实上，我们有机会参与这样一个非凡的宇宙和人类社会，这应该被视为一种恩惠和荣誉。

归根结底，我们会因为从一个人或大自然那里得到美好或漂亮的东西而体验到感激之情。大自然不断地馈赠这样的礼物，就像太阳发出的光一样，这些慷慨馈赠不是我们挣来的，而是免费给予每个人的。太阳在给予每个人生命的同时，也使地球上的草地绿意盎然。但它不要求任何回报。斯多葛学派说，也许正是这样，大自然、生命以及我们收到的每一份惠赠是宇宙本身免费给予的，都放射着慷慨的光芒。

第十四章

自由、宁静与永恒的喜悦

> 自由是我们追求的奖赏。这意味着不要成为任何事情的奴隶——没有强烈的冲动,不受偶然事件的影响。这意味着将际遇之神的影响力缩小到一个平等的竞争环境。
>
> ——塞涅卡,《书信》51.9

获得自由

斯多葛主义的终极承诺是,真正的幸福就在我们眼前。斯多葛学派认为:"幸福'取决于我们'而不是运气,因为已经培养健全品质的人将拥有深深的内心满足感和最好的、最持久的幸福。"

最重要的是,斯多葛学派教会我们到底如何获得这种持久的幸福。虽然这可能需要付出一些努力,但斯多葛学派声称,最终获得"一个真正值得我们拥有的生活"是我们力所能及的事情。在最后一章,我们将探究塞涅卡认为这种持久的幸福是如何实现的。

在罗马斯多葛学派看来，哲学的实际目标是培养健全或优秀的内在品质。而拥有良好品质的结果是体验心灵的宁静与和平，并获得一个真正值得一过的生活。因此，好品质和幸福是相辅相成的。[1]

塞涅卡和他之后的斯多葛导师艾比克泰德认为，培养良好品格和获得幸福的关键在于自由的理念和争取自由的过程。塞涅卡指出，"自由是我们所追求的奖赏"。斯多葛哲学的承诺是"持久的自由"。事实上，在塞涅卡眼中，"自由""良好品质""幸福"是如此紧密相关，以至于相互重叠。

塞涅卡认为，自由意味着不被以下事物所奴役：错误的判断、极端的负面情绪、愤怒、强烈的冲动、不快乐、对未来的焦虑、对外部事物的渴望、情感受伤的感觉以及其他人的意见或行为。这些方面在本书中已经探讨过。而从另一个意义上讲，自由也意味着属于自己，拥有完整的生命，并且自立。

艾比克泰德曾经做过奴隶，他对自由的兴趣丝毫不亚于塞涅卡。毫不奇怪，自由是他思想中的重大主题之一。艾比克泰德告诉他的学生："自由是最大的好处，真正自由的人不会不喜悦。因此，如果我们看到一个人不喜悦或痛苦，我们可以确信，这个人不自由。"

从斯多葛学派的观点来看，自由就是不受任何"不由我们决定"的事物、任何属于运气或际遇之神所管辖的事情所干扰。自由还意味着不被引起担忧、焦虑、愤怒和其他痛苦情绪的错误观点所影响。

对于自由，塞涅卡给出了一个定义，他说："它意味着不惧怕人类或神，不渴望卑微或过度的东西，对自己有完全的控制力。做你自己就是无价之宝。"塞涅卡提到"对自己拥有完全的控制权"，至少在一定程度上，他是在指拥有能够做出正确判断的自由，而不是被错误的信念和消极的社会条件所奴役。

对于一个斯多葛主义者来说，最终的自由是通过做出正确判断的能力来实现的。只有这样，我们才能真正"属于自己"。只有这样，我们才能拥有真正的自由和自立。只有这样，我们才能轻视际遇，不让我们的精神幸福依赖我们无法控制的偶然事件。

自立与幸福生活：
超越际遇与机会

> 我们必须逃往自由。但这只能通过无视际遇来实现。
>
> ——塞涅卡，《论幸福生活》4.4–5

一个人获得自由或自立的方式是超越际遇。我们越重视无法控制的外部事物，我们就会变得越不自由。塞涅卡指出，盲目的贪婪迫使我们去寻找那些永远不会满足我们的东西。如果这些外部事物能让我们满意，它们早就让我们满足了。但他指出，我们经常不去考虑"一无所求是多么愉快，不依赖于际遇而满足是多么美妙"。他写道："我可以向你展示许多东西，这些东西一旦到手，它们就偷走我们的自由。如果这些东西不属于我们，我们仍然属于我们自己。"

不从外部事物中寻求幸福，取而代之的是认识到我们真正的好东西、我们幸福的真正来源，是从内在中找到的。人们从外部世界、从闪闪发光的东西中追逐无尽的喜悦，但从长远来看，这些耀眼的东西永远不会令人满意。相比之下，培养健全的品质能带来持久的幸福，同时还能让我们欣赏外部事物的本来价值。这让一个斯多葛主义者或其他任何类似的人,都能体验到真正的满足感。

塞涅卡以多种方式描述了获得自立和满足的过程,有时会使用丰富多彩的隐喻。他把它描述为一次登高,就像爬山一样。一旦达到顶峰,我们就超越了际遇,就能够"瞧不起由际遇掌握的东西",因为我们在精神上或心理上就不再受际遇的魔咒。相反,我们是自由的。塞涅卡描述了一个戏剧性的画面,说明这种自立如何保护人们免遭际遇之神的攻击。他说:"际遇之神攻击人类的箭,从智者身上弹起,就像冰雹击中屋顶,从屋顶哗啦落下融化,伤害不到屋里的人一样。"

在塞涅卡看来,"到达顶峰"意味着找到真正幸福的源泉,还意味着拥有一种无法夺走的内心喜悦。他写道:"达到顶峰的人知道真正喜悦的源泉——发现不由他人控制的幸福。"

不过,重要的是要认识到,这种自立感并不意味着对他人冷淡或漠不关心。塞涅卡认为,斯多葛派的智者以其人性善良著称。同样,这并不意味着我们不应该欣赏我们在这个世界上拥有的东西。智者欣赏并使用际遇之神的所有赐予,只是不会依赖这些东西来获得幸福。除了深深珍惜我们所爱的人之外,我们还应该充分利用我们目前拥有的来自际遇之神的赐予，但要意识到所有这些东西都是从宇宙借来的。它们不完全在我们的控制之下。一个自立的人可以深切地欣赏一切，但不依赖外部事件或财产来体验持久的幸福。斯多葛学派的幸福来自内心，来自拥有卓越的品质。

一旦斯多葛主义者开始过"一种已经完成的生活"，在那一刻，他就真正属于自己，达到了内心自由的状态。一个斯多葛主义者应该在此刻完成生命，而不是等待死亡来"完成"生命。如果一个人平和冷静地生活在当下，他就不必担心未来。在这种状态下，我们就真正找到了自己。一个斯多葛主义者可以完全"自在地"生活，在幸福中度过余生，没有人能将其幸福夺走。塞涅卡在信中对卢西利乌斯说："想象一下，在你死去之前，这样完成你的生命，有多么美好。然后，在平静和自立中度过余生，完全拥有幸福的生活。""一种已经完成的生命"的观念与塞涅卡的思想密切相关：把每一天都当作生命的最后一天来过，或者"努力按照圆满生命的要求来度过每一天"。这一思想在第十一章中已经讨论过。这两种方法的最终结果都是一种自由感，完全活在当下，没有焦虑。

换言之，幸福生命就在此时此地，只要我们选择去获得它。但是，通过在其他地方或在其他事情上寻求幸福生活，人们失去了他们本应拥有的不可动摇的信心与和平的自由。

斯多葛主义的快乐和持久幸福

相信我，真正的快乐是一件严肃的事情！

——塞涅卡，《书信》23.4

快乐是你的目标，但你偏离了方向！你认为你会带着财富和荣誉到达那里。这意味着你在焦虑中寻找快乐！你追逐这些东西，好像它们会带来快乐，而事实上，它们是痛苦的源泉。

——塞涅卡，《书信》59.14

斯多葛学派和其他希腊哲学家眼中的真正幸福与我们现代的幸福观截然不同。对现代人来说，幸福是一种暂时的感觉，一种情绪，或者一种短暂的情绪状态。而对希腊人来说，幸福感是一种持久的优秀品质——"一种持久、连续和相对稳定的精神状态"。现代和古代观点之间的巨大差异，有助于解释为什么古代哲学家如此严肃地看待幸福。

塞涅卡认为："只有优秀的心灵才能获得真正的宁静。"

拥有卓越品质的结果是"喜悦的稳定性"。塞涅卡在写给卢西利乌斯的信中说:"如果智者从不缺乏真正的喜悦,那么你就有足够的理由去渴望智慧。但这种喜悦只来自对美德的认识。要体验这种喜悦,你需要勇气、正义和节制。"

我们的内在都有这些美德(和其他美德)的种子,但为了让它们充分开花,我们需要培养它们。就像花园一样,我们的品质也需要照料。在这个过程中,我们需要锻炼我们的理性。我们需要剔除错误的判断和观点,它们当中很多是在不知不觉中被社会环境鼓励接受的。剔除错误包括从头脑中去除那些不真正属于"我们自己"的东西:恐惧、担忧、虚假的社会承诺、对空虚快乐的渴望,以及虚假信仰带来的痛苦和情感折磨。塞涅卡写道:"我们思想的最伟大之处,莫过于它把那些不属于自己的东西搁置一边:它通过无所畏惧为自己缔造和平,通过一无所求为自己创造财富。"

通过去除那些不属于我们自己的东西,并在正确判断的基础上培养出稳定的品质,人格会发生显著的转变,从而带来持久的喜悦。塞涅卡解释道:

> 一旦我们赶走了所有打扰或使我们恐惧的东西,就会有一种不间断的宁静和无尽的自由。因为当空虚的快

乐和痛苦被放逐时，一种无限的喜悦就会到来，取代一切琐碎、脆弱和有害的东西——一种坚定不移的喜悦。然后内心的平静和和谐，不失温柔的真正伟大会接踵而至，因为凶猛总是从软弱中生出来的。

在我看来，这一段是塞涅卡对斯多葛训练最终目标所做的最详细、最有力的描述。这也让我们回想起第三章末尾提到的太阳和乌云的隐喻。

当我们在心理上变得自立，体验到斯多葛式的喜悦时，我们的人格就会变得稳定而光彩照人。打个比方，它就像太阳一样总是闪闪发光，即使在下面飘浮的云层会暂时挡住它的光线。

塞涅卡告诉我们，最先进的斯多葛主义者有时也会经历一些小干扰。和其他人一样，一个完全成熟的斯多葛派圣人也会有正常的人类情感和本能反应，并且会被意外事件所震惊。但这些干扰将是暂时的，就像飘浮在太阳下面的云彩。依仗斯多葛主义者稳定的品质，他或她会很快"回到家里"，回到内心和谐、快乐和宁静的状态。

附 录

斯多葛哲学练习清单

斯多葛学派哲学家将思想和结论建立在理性思维的基础上。和其他古代哲学流派一样，他们通过各种练习来强化自己的思想。他们还将冥想用于治疗目的，从心理上重塑情境，减少人类痛苦。其他冥想则专注于记住自然的过程和我们自身与整体的关系。

下面是你可以在罗马斯多葛学派著作中找到的一些哲学练习的简要清单。

其中一些练习是他们从早期的哲学家那里采纳的，许多在本书前面已经讨论过，但不是全部。如果希望进一步阅读，请参阅埃伦·布扎热（Elen Buzare）的《斯多葛精神练习》

(*Stoic Spiritual Exercises*)。

记住控制二分法。有些事情取决于我们,有些事情则不然。把你的注意力放在你自己能控制的事情上,比如培养一个好的品质,而不是放在你无法控制的机会或际遇上。

记住判断的作用。事情本身不会让我们心烦。引起痛苦的是我们对事物的判断或看法。

沉思圣人。想象苏格拉底等智者正在注视你的行为。如果遇到困难的情况,问问自己那些智者会如何应对。

记哲学日志。像马可·奥勒一样,创建自己的斯多葛冥想和教义的个人笔记本,以提醒自己。把斯多葛学派的中心思想用自己的语言重新表达出来,或者在你的日志中说明你可以如何运用它们。

每日回顾。在每一天结束的时候,反思一下你的所作所为。问自己这些问题:我什么事情做得好?什么事情做得不好?如何改进?我还有什么没做?

改造逆境。当你遇到逆境时,把它变成更好的东西。不管什么情况,只要你以美德回应,你总能创造出好的东西来。

预演逆境。在脑海中简单地预演你将来可能遇到的任何逆境,然后让那些想法过去。通过预先考虑逆境,你将夺去它们实际来临之时的威力。

斯多葛保留条款。当你开始一个项目、启程旅行,或者制订计划时,对自己说,"听天由命"。请记住,尽管你的意图是好的,但是一些超出你控制范围的事情可能会干扰你的计划。

考虑整体。要意识到,你只是整个宇宙中的微尘,但仍然是宇宙的一部分。在这一刻,将你的思维扩展到整个宇宙,体验你与整体的联系。

俯瞰。想象一下,你在遥远的太空中俯视着地球。记住,在宇宙宏大的体系中,你的个人问题多么微不足道。

沉思变化。沉思自然界中所有事物是如何不断变化的,以及每件事物是如何在短时间或长时间内经历不断变化的。

考虑接受无常。意识到你所拥有的一切都是借给你的。记住,际遇之神借给我们的东西,欣赏它们是可以的,但总有一天我们会归还回去。

铭记死亡。思考你自己和你所爱的人必然一死的事实,思考死亡不过是生命的最后一个自然阶段的事实。对你剩下的时间心存感激,并努力明智地加以利用。

心怀感恩地生活。每一天,我们都要意识到,我们拥有的一切都是来自宇宙的礼物。在生命的最后,带着一种感激之情,把你的整个生命当作礼物来回顾。

活在当下。不要让你的头脑超前,为未来担心,因为这是焦虑的根源。相反,我们要理性地规划未来,并记住,现在才是我们所拥有的一切。如果开始感到焦虑,要意识到自己的状态,把你的注意力转回到当下。记住,当未来的事情到来时,你将以今天一样的理性面对它们。

为公共利益而行动。 提醒自己,你是整个人类社会的一部分,我们生来就是为了互相帮助。记得为他人的利益行事。

仔细衡量你的印象。 不要从事情的表面价值仓促做出判断。在形成意见之前,退一步,仔细权衡证据。如果你缺乏足够确凿的证据,那就暂停做出判断。

原文注释

引言 / 真正值得一过的人生

1. 感谢马西莫·皮格利乌奇指出,"幸福感"(Eudaimonia)一词在斯多葛教义中具有这个更细微的含义。

2. 柏拉图和亚里士多德通过分析公民责任和改善城邦生活的途径,为确立人生目标奠定了基础。不过斯多葛学派则更进一步,强调全球范围内全人类的兄弟情谊。塞涅卡写道,在所有哲学流派中,斯多葛学派对整个人类怀有最伟大的爱。在《沉思录》中,马可·奥勒留也不断地提醒自己,他的每一个行动都应该着眼于努力促进社会的共同利益。

3. 艾米丽·威尔逊(Emily Wilson)《最伟大的帝国:塞涅卡的一生》(*The Greatest Empire: A Life of Seneca*,纽约:牛津大学出版社,2014)。塞涅卡的另一部传记是詹姆斯·罗姆(James Romm)所著《一天天死去:尼禄宫廷里的塞涅卡》(*Dying Every Day: Seneca at the Court of Nero*,纽约:诺普夫出版社,2014)。要写出准确的塞涅卡传记几乎是不可能的任务,因为按照现代标准,罗马史学家往往极不可靠。不幸的是,认识塞涅卡的人中无人写过有关塞涅卡生平的第一手资料。迪奥·卡修斯(约155年—235年)的《罗马历史》成书于塞涅卡死后一个多世纪,其中对塞涅卡的描述似乎是最不可靠的。塔西佗(约56年—120年)的《年鉴》中对塞涅卡的记载似乎要可靠得多。

4. 苏格拉底的这句名言是罗马斯多葛派的最爱。艾比克泰德在他的《手册》末尾引用了它;参见艾比克泰德《手册》53.4。斯多葛学派的罗马参议员特拉塞亚·帕埃图斯(Thrasea Paetus)被尼禄判决自尽时说:"尼禄可以杀我,但他不能伤害我。"参见艾米丽·威尔逊《最伟大的帝国》,第154页

5. 布拉德·英伍德指出,塞涅卡是斯多葛哲学的"原创和革新大师","他的独特贡献似乎是敏锐地意识到了伦理和道德心理学方面第一手经验的价值。"参见英伍德《解读塞涅卡:罗马的斯多葛哲学》(*Reading Seneca: Stoic Philosophy at Rome*,牛津:克拉灵顿出版社,2005),第3页。

第一章 / 失落的友谊艺术

1. 塞涅卡在《书信》94.16中引用了斯多葛派阿里斯托(Aristo)的说法,一个人若非患有医学疾病,其所有的"疯狂"或精神痛苦都源于错误的观点。塞涅卡对这一观点表示赞同。按照其《论心灵的宁静》中的记载,他的朋友塞瑞纳斯把他当作医生来求助。塞瑞纳斯讲述了自己的精神痛苦,塞涅卡则以哲学治疗师的身份进行解答,为他治愈精神疾病。塞涅卡《书信》24的内容很像塞涅卡与他朋友卢西利乌斯之间的认知治疗咨询谈话。卢西利乌斯成了一桩官司的被告,感到非常焦虑。塞涅卡则设法用一种循序渐进的治疗方法来帮助他克服焦虑感。

2. 参见塞涅卡《书信》9.12。根据西塞罗的说法,斯多葛派认为应该

追求友谊的内在价值,而不是出于能从中获得实惠的实用主义目的去追求友谊。(西塞罗,《论目的》3.70)

第二章 / 珍视你的时间:不要推迟生命

1. 见塞涅卡《书信》62.2。在塞涅卡大体失传的著作《论婚姻》残篇中说,一个睿智的人永远不会感到孤独,因为他或她有很多过去的朋友。参见利兹·格罗恩(Liz Gloyn)《塞涅卡的家庭伦理》(*The Ethics of the Family in Seneca*,剑桥:剑桥大学出版社,2017),第222页。

第三章 / 如何克服担忧和焦虑

1. 引自唐纳德·罗伯逊(Donald Robertson)《斯多葛派对现代心理治疗法的影响》,参见约翰·塞拉斯所编的《斯多葛派传统的劳特利奇手册》(*The Routledge Handbook of the Stoic Tradition*,伦敦:劳特利奇出版社,2017),第375页。罗伯逊是一位深入研究斯多葛主义的认知行为治疗师。他就斯多葛主义与认知行为疗法之间关系所著的第一部著作(2010)题为《认知行为疗法中的哲学:作为理性和认知心理治疗术的斯多葛哲学》(*The Philosophy of Cognitive-Behavioural Therapy (CBT): Stoic Philosophy as Rational and Cognitive Psychotherapy*,伦敦:劳特利奇出版社,2020)。他最近的著作《如何像罗马皇帝一样思考:马可·奥勒留的斯多葛哲学》(*How to Think Like a Roman Emperor: The Stoic Philosophy of Marcus Aurelius*,纽约:圣马丁出版社,2019)除了其他主题外,还探讨了马可·奥勒留的思想与认知行为疗法之间的相似之处。

第四章 / 愤怒的问题

1. 美国心理学会网页上关于控制愤怒情绪的内容与塞涅卡《论愤怒》中的建议相似度达95%左右。请参阅《在愤怒控制你之前控制愤怒》(https://www.apa.org/topics/anger/control)和《控制愤怒的策略》(https://www.apa.org/topics/strategies-controlling-anger)。

2. 克律西普斯(Chrysippus)是早期希腊斯多葛学派中最重要和最有影响力的人之一,在他失传的《论激情》或《论感情》中,将激情定义为源自不正确判断的情感,类似于精神疾病的表现。他还描述了一种治疗激情的方法。参见特恩·蒂勒曼(Teun Tieleman)《克律西普斯的激情论:重构与诠释》(*Chrysippus' On Affections: Reconstruction and Interpretation*,莱顿:布里尔出版社,2003),132页和第4章。

第五章 / 无论你走到哪里,你都在那里:你无法逃避自己

1. 在第104封信的开头,塞涅卡记叙了他因发烧而前往离罗马18英里的诺门图姆别墅养病的过程。一走出烟雾缭绕的罗马并到达别墅后,他就退烧了。

第六章 / 如何战胜逆境

1. "控制权二分法"这个术语由现代斯多葛派哲学家威廉·B. 欧文(William B. Irvine)首创,见于他所著《像哲学家一样生活:斯多葛哲学的生活艺术》(*A Guide to the Good Life : The Ancient Art of Stoic Joy*,牛津:牛津大学出版社,2009,中文版本已由上海社会科学院出版社于2018年出版),第86-89页。研究古代哲学的知名学者A. A. 朗曼认为,这个思想作为伦理的一个前提,最终"可

以追溯到柏拉图《申辩篇》中苏格拉底的话，他说好人无论生死都不会受到伤害，这意味着美德'取决于我们'，幸福不受命运的影响"（出自作者与朗曼的个人交流）。

2. 早期希腊的斯多葛派哲学家克律西普斯写道，"没有预见到的打击，对我们的打击更大"（引自西塞罗《图斯库路姆论辩集》3.52）。要了解斯多葛主义和塞涅卡有关逆境预演方面的论述，请参阅这方面的研究作品米雷耶·阿米森－马尔切蒂（Mireille Armisen-Marchetti）所著的《塞涅卡的想象和冥想:预演的例子》(*Imagination and Meditation in Seneca: The Example of the Praemeditation*)"，收于《牛津古典研究读物：塞涅卡》(*Oxford Readings in Classical Studies: Seneca*，牛津：牛津大学出版社，2008)，第102–113页。

第七章 / 为什么你应该永不抱怨

1. 布雷格曼："下次你在工作中想发牢骚的时候，去做这件事。"

第八章 / 与际遇的战争：如何在贫困和极端财富中生存

1. 安娜·莉迪亚·莫托（Anna Lydia Motto）是迄今最著名的塞涅卡研究学者之一。为了确定塞涅卡是不是伪君子，她权衡了各方证据。她得出的结论："不是"。参见安娜·莉迪亚·莫托《塞涅卡受审：一位阔气的斯多葛主义者的案例》(*Seneca on Trial : The Case of the Opulent Stoic*)，发表于《古典学期刊》(Classical Journal)第61期，第6篇（1966）：第254–258页。另请参阅沃德·范斯沃思（Ward Farnsworth）在其《践行斯多葛主义：哲学用户手册》(*The Practicing Stoic:A Philosophical User's Manual*，波士顿：大卫·戈丁出版社，2018）第13章"斯多葛主义及其批评者"中的相关讨论。

第九章 / 乌合之众和联结人类的纽带

1. 我们在社会化的过程中学习到了一些错误信念,这个观点的源头至少可以追溯到斯多葛派克律西普斯。然而,克律西普斯似乎只考虑了刻意的社会化,而没有考虑到塞涅卡清楚描述的那种无意识的传播。参见特恩·蒂勒曼《克律西普斯的激情论:重构与诠释》(*Chrysippus'On Affections: Reconstruction and Interpretation*,莱顿:布里尔出版社,2003),第132页前后,及格拉齐亚诺·拉诺基亚(Graziano Ranocchia)"斯多葛派对于情绪化和恶习的解释",《哲学档案》(*Archivfür Geschichte der Philosophie*),第94期,第1篇(2012年):第74—92页。

2. 在第60封信的开头,塞涅卡重点解释了卢西利乌斯小时候是如何从父母和其他负责抚养他的人那里获得有关财富价值的信念的。

3. 亚里士多德认为,妇女和奴隶都不具备从政治研究中受益的心智能力。此外,他在《政治学》1260a11中写到,"自然奴隶"完全缺乏深思熟虑的能力。妇女虽然具备深思的能力"但缺乏权威",这将她们排除在政治之外。相反,亚里士多德的老师柏拉图则认为女性可以成为国家的守护者。

4. 参见丹尼尔·里希特(Daniel S. Richter)《大都市:想象古典雅典后期和罗马帝国早期的社会》(*Cosmopolis: Imagining Community in Late Classical Athens and the Early Roman Empire*,纽约:牛津大学出版社,2011),第68页。在第四章中,里希特尤其强调了亚里士多德和斯多葛学派在关于人类平等问题的观念上存在巨大差异。

5. 哲学学者菲利普·米西斯总结说,斯多葛派"表述了自然人权的概念"。斯多葛派具有大都市的理念,他们生活在"一种有利于承认同胞的需求和权利的道德氛围中——斯多葛派认为,由于我们都是人类,因此都享有相同的权利。"参见米西斯《自然人权的斯多葛起源》(*The Stoic Origin of Natural Rights*),收于卡特琳娜·伊罗迪亚科努所编《斯多葛哲学主题》(*Topics in Stoic Philosophy*,牛津:牛津大学出版社,1999),第 176–177 页。

6. 我们的现代人权理念——如联合国 1948 年制定的《世界人权宣言》——将普遍的自然法与民法和国际法进行了融和。有趣的是,这对西塞罗来说是一个重要的问题:民法能在多大程度上与自然法达到和谐?

7. 事实上,托马斯·杰斐逊去世时,他的床头柜上放着一卷塞涅卡的著作。他也将西塞罗列为对他起草《独立宣言》有重大影响的人。对杰斐逊自然权利思想产生过影响的约翰·洛克也阅读过斯多葛派哲学家的著作并将它们推荐给他的学生。

8. 政治史学家查尔斯·麦克尔万(Charles McIlwan)指出:"人人平等的思想是斯多葛派对政治思想所做的最深刻的贡献,这一思想影响了从他们的时代到我们时代的整个发展过程,其最大的影响在于改变了人们对于法律的理解,这些改变部分就是出于这种思想的结果。"见麦克尔万《西方政治思想的发展:从希腊到中世纪》(*The Growth of Political Thought in the West: From the Greeks to the Middle Ages*,纽约:麦克米伦出版社,1932 年),第 8 页。另见托尼·奥诺雷(Tony Honoré)《乌尔比安:人权先驱》,第 2 版(*Ulpian: Pioneer of Human Rights*,牛津:牛津大学出版社,2002)中的第三章。这一章"人权大都市"(*The Cosmopolis in Human Rights*)记录了斯多葛主义如何将人类平等、自由和所有人的尊严等思想引入罗马法律传统中的,特别是如何体现在法学家多米提乌斯·乌尔皮亚努斯(Domitius Ulpianus)或简称乌尔比安(约

170年—228年）的著作中的。

第十章 / 如何保持真实并为社会做贡献

1. 斯多葛派认为大自然具有理性，而伊壁鸠鲁派认为世界是随机的，只是原子的随机碰撞。对这两种观念之间的巨大差异，可以用马可·奥勒留经常用来描述斯多葛派和伊壁鸠鲁派之间分歧的一句话来很好地概括："天意或原子"。

2. 罗马作家西塞罗的《论义务》是关于斯多葛伦理学的重要著作。这本书的前两卷中介绍了帕奈提乌斯的思想，"四个角色"的说法出现在《论义务》第一卷107-115页中。在接下来的讨论中，我借鉴了帕奈提乌斯和塞涅卡思想，因为塞涅卡在他的著作中表达了同样的思想。

3. 有史以来设计最准确的心理测试之一是测量"五大性格特质"。这些特质是对经验的开放性、尽责性、外向性、随和性和神经质（以及它们的对立面）。有趣的是，当人们接受这些特征的测试时，可以高度准确地预测他们的政治立场。这表明许多人甚至大多数人基于他们的个性特征，而不是通过批判性思维过程来选择政治倾向。

4. 参见塞涅卡《论休闲》2.2。第欧根尼·拉尔修（Diogenes Laertius）说："斯多葛派说，如果没有任何阻碍，睿智的人会参与政治。因为这样做，他将抑制恶习，促进美德。"（《名哲言行录》7.121）。有关塞涅卡对公共服务和休闲的观点的深入研究，请参阅玛丽亚姆·格里芬（Mariam T. Griffin）所著《塞涅卡：政界哲学家》（*Seneca: A Philosopher in Politics*，纽约：牛津大学出版社，1976）第十章"哲学家论从政"。

第十一章 / 无视死亡，全心生活

1. 威廉·欧文是最早尝试将斯多葛主义作为现代生活方式的哲学家之一，他指出，"一种生活哲学"的主要目标是确保你过上美好的生活，而不是"错误的生活"。拥有美好生活的一个标志是，当你到达生命的最后时刻时，你不会为浪费了自己的生命而感到遗憾。参见《像哲学家一样生活：斯多葛哲学的生活艺术》，第1–2页。
2. 见塞涅卡《书信》24.18。马可·奥勒留在《沉思录》8.58中也援引了这个论点。它实际上可以追溯到苏格拉底，他在审判中使用了这个论点。见柏拉图，《申辩篇》(40C–D)。
3. 正如伊壁鸠鲁所写，死亡对我们来说无关紧要，因为"当我们存在时，死亡还没有到来，而当死亡到来时，我们并不存在"（第欧根斯·拉尔修《名哲言行录》10.125）。
4. 见史蒂夫·乔布斯在斯坦福大学的毕业典礼演讲文本，2005年6月12日。https://news.stanford.edu/2005/06/14/jobs-061505/。

第十二章 / 给悲痛留一席之地

1. 催产素是一种与信任、爱、性和减压有关的激素。内啡肽是与减轻疼痛、减轻压力和产生欣快感有关的药物。难怪人们常常在哭后感觉更舒服、更平静。
2. 塞涅卡《致玛西娅的慰问信》1.5。这封信写于卡利古拉统治时期，可能是他现存最早的散文作品。
3. 塞涅卡《致玛西娅的慰问信》5.4。玛西娅的儿子梅蒂留斯有两个女儿，所以他死时已经不是孩子了。但正如塞涅卡所说，即使是非常年幼的孩子也可以成为快乐回忆的源泉。

第十三章 / 爱与感恩

1. 塞涅卡经常批评这个系统。但他也是其中的一部分：他与尼禄的关系可以被描述为一种赞助人与客户的关系。

2. 卡尔·萨根的儿子，科普作家多里安·萨根写道："我父亲相信斯宾诺莎和爱因斯坦眼中的上帝，即上帝不是自然背后的力量，而是自然本身，与自然等同。"见林恩·马古利斯和多里安·萨根《益发神奇：对自然本质的思考》(*Dazzle Gradually: Reflections on the Nature of Nature*，佛蒙特州白河交点：切尔西·格林出版社，2007)，第14页。

3. 哲学家迈克尔·莱维尔强调，泛神论不是有神论的一种形式，也不是无神论的一种形式。相反，它是它们的替代品。虽然泛神论并没有假设有位人格化的上帝存在，但它确实暗示了自然界中存在一种统一的力量：存在的一切都构成了一个统一体，而这种包罗万象的统一体在某种意义上是神圣的。见莱维尔《泛神论》(*Pantheism*)，第25页。

第十四章 / 自由、宁静与永恒的喜悦

1. 正如艾比克泰德所解释的，"如果美德能带来这个前景——产生幸福、免于痛苦和感受宁静——那么追求美德毫无疑问地也就是朝着这些心态前进。"见艾比克泰德，《谈话录》1.4.3。

参考书目

出版商往往随意使用塞涅卡的姓名,有时候写作"Seneca"(塞涅卡),有时候是"Lucius Annaeus Seneca"(卢修斯·安纳俄斯·塞涅卡)或"Seneca the Younger"(小塞涅卡)。下面的塞涅卡作品不是按照他名字各种拼写形式的字母顺序排列的,因为它们都指的是同一个人。相反,这个列表是根据翻译作品的标题按字母顺序排列的。

Aristotle. *Nicomachean Ethics*. Translated by Terence Irwin. 2nd ed. Indianapolis, IN: Hackett, 1999.

Aristotle. *Politics*. Translated by Ernest Barker. Oxford: Oxford University Press, 1995.

Armisen-Marchetti, Mireille. "Imagination and Meditation in Seneca: The Example of the *Praemeditatio*." In *Oxford Readings in Classical Studies: Seneca*, edited by John G. Fitch, 102–113. Oxford: Oxford University Press, 2008.

Arius Didymus. *Epitome of Stoic Ethics*. Translated by Arthur J. Pomeroy. Atlanta: Society of Biblical Literature, 1999.

Asmis, Elizabeth. "Cicero on Natural Law and the Laws of State," *Classical Antiquity* 27, no. 1 (2008): 1–33.

Bailey, Cyril. See *Epicurus: The Extant Remains*.

Bartsh, Shadi, and Alessandro Schiessaro, eds. *The Cambridge Companion to*

Seneca. New York: Cambridge University Press, 2015.

Becker, Lawrence C. *A Modern Stoicism*. 2nd ed. Princeton: Princeton University Press, 2017.

Bobzien, Susanne. *Determinism and Freedom in Stoic Philosophy*. Oxford: Oxford University Press, 2001.

Brennan, Tad. *The Stoic Life: Emotions, Duties, and Fate*. Oxford: Oxford University Press, 2005.

Bridges, J. W. "Imitation, Suggestion, and Hypnosis." Chapter 18 in J. W. Bridges, *Psychology: Normal and Abnormal, with Special Reference to the Needs of Medical Students and Practitioners*, 311–24. New York: Appleton, 1930. Available from the American Psychological Association: https://psycnet.apa.org/record/2008-08475-018.

Brower, René. *The Stoic Sage: The Early Stoics on Wisdom, Sagehood and Socrates*. Cambridge: Cambridge University Press, 2014.

Buzaré, Elen. *Stoic Spiritual Exercises*. Lulu: 2011.

Cicero. *On Duties (De Officiis)*. Translated by Walter Miller. Loeb Classical Library. Cambridge, MA: Harvard University Press, 1913.

———. *On Ends (De Finibus)*. Translated by H. Rackam. Loeb Classical Library. Cambridge, MA: Harvard University Press, 1914.

———. *On the Republic (De Re Publica) and On the Laws (De Legibus)*. Translated by Clinton Walker Keyes. Loeb Classical Library. Cambridge, MA: Harvard University Press, 1928.

———. *The Republic and The Laws*. Translated by Niall Rudd. Oxford: Oxford University Press, 1998.

———. *Pro Archia. Post Reditum in Senatu. Post Reditum ad Quirites. De Domo Sua*. De Haruspicum Responsis. Pro Plancio. Translated by N. H. Watts. Loeb Classical Library. Cambridge, MA: Harvard University Press, 1923.

———. *Tusculan Disputations*. Translated by J. E. King. 2nd ed. Loeb Classical Library. Cambridge, MA: Harvard University Press, 1945.

Cooper, John M. "Aristotle on the Forms of Friendship." *The Review of Metaphysics* 30, no. 4 (1977): 619–48.

Damschen, Gregor, and Andreas Heil, eds. *Brill's Companion to Seneca: Philosopher and Dramatist*. Leiden: E. J. Brill, 2014.

Diogenes Laertius. *Lives of the Eminent Philosophers*. Translated by R. D.

Hicks. 2 vols. Loeb Classical Library. Cambridge, MA: Harvard University Press, 1925.

——. *Lives of the Eminent Philosophers*. Translated by Pamela Mensch. New York: Oxford University Press, 2018.

De Wit, N. W. "The Epicurean Doctrine of Gratitude," *American Journal of Philology 58*, no. 3 (1937): 320–28.

Domaradzki, Mikolaj. "Theological Etymologizing in the Early Stoa," *Kernos* 25 (2012), 125–48. https://journals.openedition.org/kernos/2109.

Edwards, Catharine. "Free Yourself! Slavery, Freedom, and the Self in Seneca's Letters." In *Seneca and the Self*, edited by Shadi Bartsch and David Wray, 139–59. Cambridge: Cambridge University Press, 2009.

——. "Absent Presence in Seneca's Epistles: Philosophy and Friendship." In *The Cambridge Companion to Seneca*, edited by Shadi Bartsch and Alessandro Schiessaro, 41–53. New York: Cambridge University Press, 2015.

Einstein, Albert. "Religion and Science" (published in the *New York Times Magazine*, November 9, 1930). In Albert Einstein, Ideas and Opinions. New York: Modern Library, 1994, 39–43.

——. "Science and Religion" (Address at Princeton Theological Seminary May 19, 1939). In Einstein, *Ideas and Opinions*, 44–52.

Ellis, Joseph J. *American Sphinx: The Character of Thomas Jefferson*. New York: Alfred A. Knopf, 1997.

Emmons, Robert A., and Michael E. McCullough, eds. *The Psychology of Gratitude*. New York: Oxford University Press, 2004.

Epictetus. *Discourses, Fragments, and Encheiridion*. Translated by W. A. Oldfather. 2 vols. Loeb Classical Library. Cambridge, MA: Harvard University Press, 1925–1928.

——. *Discourses, Fragments, Handbook*. Translated by Robin Hard. Oxford: Oxford University Press, 2014.

——. *How to Be Free: An Ancient Guide to the Stoic Life. Encheiridion* and Selections from Discourses. Translated and with an introduction by A. A. Long. Princeton, NJ: Princeton University Press, 2018.

Epicurus: The Extant Remains. Edited and translated by Cyril Bailey. Oxford: Clarendon Press, 1926.

Farnsworth, Ward. *The Practicing Stoic: A Philosophical User's Manual*. Boston: David R. Godine, 2018.

Fideler, David. *Restoring the Soul of the World: Our Living Bond with Nature's Intelligence.* Rochester, VT: Inner Traditions, 2014.

——. *Seneca: A Reader's Guide.* https://www .stoicinsights .com/seneca -readers-guide .

Griffin, Mariam T. Seneca: *A Philosopher in Politics*. New York: Oxford University Press, 1976.

Gleiser, Marcelo. "The Trouble with Tribalism." *Orbiter* (July 18, 2019). https://orbitermag .com/the -trouble -with -tribalism/.

Gloyn, Liz. *The Ethics of the Family in Seneca*. Cambridge: Cambridge University Press, 2017.

Graver, Margaret R. *Stoicism and Emotion.* Chicago: University of Chicago Press, 2007.

——. "Action and Emotion." In *The Brill Companion to Seneca: Philosopher and Dramatist,* edited by Gregor Damschen and Andreas Heil, 257– 76. Leiden: E. J. Brill, 2014.

Harpham, Edward J. "Gratitude in the History of Ideas." In *The Psychology of Gratitude,* edited by Robert A. Emmons and Michael E. McCullough, 19– 36. New York: Oxford University Press, 2004.

Hierocles. See Ramelli, *Hierocles the Stoic: Elements of Ethics, Fragments, and Excerpts.*

Hill, Lisa, and Prasanna Nidumolu. "The Influence of Classical Stoicism on John Locke's Theory of Self- Ownership," *History of the Human Sciences* (May 2020): 1– 22.

Holowchack, M. Andrew. *The Stoics: A Guide for the Perplexed.* New York: Continuum, 2008.

Honoré, Tony. *Ulpian: Pioneer of Human Rights*. 2nd ed. Oxford: Oxford University Press, 2002.

Horowitz, Maryanne Cline. "The Stoic Synthesis of Natural Law in Man: Four Themes," *Journal of the History of Ideas* 35, no. 1 (1974): 3– 16.

Inwood, Brad. *Reading Seneca: Stoic Philosophy at Rome*. Oxford: Clarendon Press, 2005.

Inwood, Brad. See Seneca, *Selected Philosophical Letters.*

Irvine, William B. On Desire: *Why We Want What We Want*. New York: Oxford University Press, 2006.

——. *A Guide to the Good Life: The Ancient Art of Stoic Joy*. New York: Oxford University Press, 2009.

——. *The Stoic Challenge: A Philosopher's Guide to Becoming Tougher, Calmer, and More Resilient*. New York: W. W. Norton, 2019.

LaBarge, Scott. "How (and Maybe Why) to Grieve Like an Ancient Philosopher." In *Virtue and Happiness: Essays in Honour of Julia Annas*, edited by Rachana Kamtekar, 320–42. Oxford: Oxford University Press, 2012.

Llano Alonso, Fernando H. "Cicero and Natural Law," *ARSP: Archi fur Rechts- und Socialphilosophie / Archives for Philosophy of Law and Social Philosophy* 98, no. 2 (2012): 157–68.

Le Bon, Gustave. *The Crowd: A Study of the Popular Mind*. Public domain translation of the original text, *Psychologie des Foules* (1895). http://www.gutenberg.org/ebooks/445 .

Levine, Michael P. *Pantheism: A Non-Theistic Concept of Deity*. London: Routledge, 1994.

Loder, E. R. "Gratitude and the Environment: Toward Individual and Collective Ecological Virtue," *Journal Jurisprudence* (2011): 383–435.

Long, A. A. *Epictetus: A Stoic and Socratic Guide to Life*. Oxford: Oxford University Press, 2002.

Long, A. A. See Epictetus, *How to Be Free*.

Long, A. A., and D. N. Sedley. *The Hellenistic Philosophers*. Volume 1: *Translations of the Principal Sources with Philosophical Commentary. Volume 2: Greek and Latin Texts with Notes and Bibliography*. Cambridge: Cambridge University Press, 1987.

Marcus Aurelius. *Marcus Aurelius*. Edited and translated by C. R. Haines. Loeb Classical Library. Cambridge, MA: Harvard University Press, 1916.

——. *Meditations*. Translated by Gregory Hayes. New York: Modern Library, 2002.

——. *Meditations*. Translated by Martin Hammond. London: Penguin, 2006.

——. *Meditations: The Annotated Edition*. Translated, introduced, and edited by Robin Waterfield. New York: Basic Books, 2021.

Margulis, Lynn, and Dorion Sagan. *Dazzle Gradually: Reflections on the Nature of Nature*. White River Junction, VT: Chelsea Green, 2007.

May, Rollo. *The Courage to Create*. New York: W. W. Norton, 1975.

McIlwan, Charles. *The Growth of Political Thought in the West: From the Greeks to the Middle Ages*. New York: Macmillan, 1932.

Meany, Paul. "Why the Founders' Favorite Philosopher Was Cicero." FEE (May 31, 2018). https://fee .org/articles/why -the -founders -favorite-philosopher -was -cicero/ .

Mitsis, Phillip. "The Stoic Origin of Natural Rights." In *Topics in Stoic Philosophy*, edited by Katerina Ierodiakonou, 153– 77. Oxford: Clarendon Press, 1999.

Motto, Anna Lydia. "Seneca on Trial: The Case of the Opulent Stoic," *The Classical Journal* 61, no. 6 (1966): 254–58.

———. *Seneca Sourcebook: A Guide to the Thought of Lucius Annaeus Seneca*. Amsterdam: Adolf M. Hakkert, 1970. (An index to all of Seneca's philosophical writings.)

———. "Seneca on Love," *Cuadernos de Filologia Clasica. Estudios Latinos* 27, no. 1 (2007): 79– 86.

———, and John R. Clark, "Seneca on Friendship," *Atena e Roma* 38 (1993): 91–96.

Naknikian, George. "On the Cognitive Import of Certain Religious States." In *Religious Experience and Truth: A Symposium*, edited by Sidney Hook, 156– 64. New York: New York University Press, 1961.

Nietzsche, Friedrich. *Ecce Homo: Nietzsche's Autobiography*. Translated by Anthony M. Ludovici. New York: Macmillan, 1911.

Nussbaum, Martha. *The Therapy of Desire: Theory and Practice in Hellenistic Ethics*. Princeton: Princeton University Press, 1994.

Pigliucci, Massimo. *How to Be a Stoic: Using Ancient Philosophy to Live a Modern Life*. New York: Basic Books, 2017.

Plato. *Euthyphro. Apology. Crito. Phaedo. Phaedrus.* Translated by Harold North Fowler. Loeb Classical Library. Cambridge, MA: Harvard University Press, 1914.

———. *The Last Days of Socrates*. Translated by Hugh Tredennick and Harold Tarrant. New York: Penguin, 1993.

———. *Lysis. Symposium. Gorgias.* Translated by W. R. M. Lamb. Loeb Classical Library. Cambridge, MA: Harvard University Press, 1925.

Plutarch. *Is "Live Unknown" a Wise Precept?* In Plutarch, Moralia, Volume 14. Translated by Benedict Einarson and Philip H. De Lacy. Loeb Classical Library. Cambridge, MA: Harvard University Press, 1967.

Ramelli, Ilaria. *Hierocles the Stoic: Elements of Ethics, Fragments, and Excerpts.* Atlanta: Society for Biblical Literature, 2009.

Ranocchia, Graziano. "The Stoic Concept of Proneness to Emotion and Vice," *Archiv fur Geschichte der Philosophie* 94, no. 1 (2012): 74–92.

Richter, Daniel S. *Cosmopolis: Imagining Community in Late Classical Athens and the Early Roman Empire.* New York: Oxford University Press, 2011.

Robertson, Donald. "The Stoic Influence on Modern Psychotherapy." In *The Routledge Handbook of the Stoic Tradition*, edited by John Sellars, 374–88. London: Routledge, 2017.

———. *How to Think Like a Roman Emperor: The Stoic Philosophy of Marcus Aurelius.* New York: St. Martin's Press, 2019.

———. *The Philosophy of Cognitive-Behavioural Therapy (CBT): Stoic Philosophy as Rational and Cognitive Psychotherapy.* 2nd rev. ed. London: Routledge, 2020.

Rodrigues, Antonio Carlos, and Aldo Dinucci. "A eucharistia em Epicteto." In *Epistemologias da religiao e relacoes de religiosidade*, edited by Celma Laurinda Freitas Costa, Clovis Ecco, and Jose Reinaldo F. Martins Filho, 17–44. Curitiba: Editora Prismas, 2017.

Romm, James. *Dying Every Day: Seneca at the Court of Nero.* New York: Knopf, 2014.

Rumi, Jalaluddin. *Signs of the Unseen: The Discourses of Jalaluddin Rumi.* Translated by W. M. Thackston, Jr. Boston: Shambhala, 1994.

Rushdy, Ashraf H. A. *Philosophies of Gratitude.* New York: Oxford University Press, 2020.

Sampson, Tony D. *Virality: Contagion Theory in the Age of Networks.* Minneapolis: University of Minnesota Press, 2012.

Sellars, John. *The Art of Living: The Stoics on the Nature and Function of Philosophy.* London: Bristol Classical Press, 2009.

———. *Stoicism.* London: Routledge, 2014.

———. "Stoicism and Emotions," in *Stoicism Today: Selected Writings*, Volume 2, edited by Patrick Ussher, 43–48. CreateSpace, 2016.

———. *Marcus Aurelius*. London: Routledge, 2021.

———, ed. *The Routledge Handbook of the Stoic Tradition*. London: Routledge, 2017.

Seneca, Lucius Annaeus. *Anger, Mercy, Revenge*. Translated by Robert A. Kaster and Martha C. Nusbaum. Chicago: University of Chicago Press, 2010.

Seneca. *Dialogues and Essays*. Translated by John Davie. Oxford: Oxford University Press, 2007.

Seneca. *Dialogues and Letters*. Translated by C. D. N. Costa. New York: Penguin, 1997.

Seneca the Younger. *Epistles*. Translated by Richard M. Gummere. 3 vols. Loeb Classical Library. Cambridge, MA: Harvard University Press, 1917–1925.

Seneca, Lucius Annaeus. *Hardship and Happiness*. Translations by Elaine Fantham, Harry M. Hine, James Ker, and Gareth D. Williams. Chicago: University of Chicago Press, 2014.

Seneca. *Letters from a Stoic*. Translated by Robin Campbell. New York: Penguin, 1969.

Seneca, Lucius Annaeus. *Letters on Ethics to Lucilius*. Translated by Margaret Graver and A. A. Long. Chicago: University of Chicago Press, 2015.

Seneca the Younger. *Moral Essays*. Translated by John W. Basore. 3 vols. Loeb Classical Library. Cambridge, MA: Harvard University Press, 1928–1935.

Seneca. *Natural Questions*. Translated by Thomas H. Corcoran. 2 vols. Loeb Classical Library. Cambridge, MA: Harvard University Press, 1971.

Seneca, Lucius Annaeus. *Natural Questions*. Translated by Harry M. Hine. Chicago: University of Chicago Press, 2010.

Seneca, Lucius Annaeus. *On Benefits*. Translated by Miriam Griffin and Brad Inwood. Chicago: University of Chicago Press, 2011.

Seneca. *Selected Letters*. Translated by Elaine Fantham. Oxford: Oxford University Press, 2010.

Seneca: Selected Philosophical Letters. Translation and commentary by Brad Inwood. Oxford: Oxford University Press, 2007.

Sherman, Nancy. "Aristotle on Friendship and the Shared Life." *Philosophical and Phenomenological Research* 47, no. 4 (1987): 589–613.

Solomon, Robert C. Foreword. In *The Psychology of Gratitude*, edited by Robert A. Emmons and Michael E. McCullough, v– xi. New York: Oxford University Press, 2004.

Stephens, William O. "Epictetus on How the Stoic Sage Loves," *Oxford Studies in Ancient Philosophy* 14 (1996): 193– 210.

——. *Stoic Ethics: Epictetus and Happiness as Freedom.* New York: Continuum, 2007.

——. *Marcus Aurelius: A Guide for the Perplexed.* New York: Continuum, 2012.

Tacitus. *The Annals: The Reigns of Tiberius, Claudius, and Nero.* Translated by J. C. Yardley. Oxford: Oxford University Press, 2008.

Tieleman, Teun. *Chrysippus' On Affections: Reconstruction and Interpretation.* Leiden: E. J. Brill, 2003.

Watkins, Philip C. *Gratitude and the Good Life: Toward a Psychology of Appreciation.* Dordrecht: Springer, 2014.

Wilson, Emily. *The Greatest Empire: A Life of Seneca.* New York: Oxford University Press, 2014.

Wood, Nathan. "Gratitude and Alterity in Environmental Virtue Ethics," *Environmental Values* 29, no. 4 (2020): 481– 98.

扫码查阅
本书完整版注释、参考书目、索引

致 谢

感谢贾尔斯·安德森、曲娜都和艾尔·梅森促成了这本书,以及南希·格林的出色编辑。特别感谢诺顿的团队,他们的工作令人难以置信:德鲁·伊丽莎白·魏特曼、丽贝卡·门罗、伊丽莎白·科尔、尼古拉·德罗伯蒂斯-泰耶和杰森·霍伊尔。

我感谢约翰·塞拉斯、唐纳德·罗伯逊和马西莫·皮里乌奇,感谢在我写这部作品时,与他们进行了精彩的对话。当然,他们并不对我的个人观点负责。我也感谢威廉·O. 斯蒂芬斯对引言和第一章的反馈,也感谢罗伯·科尔特对整个手稿的评论。我同样感谢来自凯·怀廷、朱迪思·斯托夫和桑德拉·穆拉托维奇的反馈。

这本书中的斯多葛学派哲学引语是我与普渡大学的拉丁语和希腊语教授伊丽莎白·默西尔合作翻译的。与伊丽莎白一起在塞涅卡的思想和当代世界之间建造一座桥梁，是一项令人难忘的事业。我们都希望你们会喜欢这些塞涅卡的新译本，更重要的是，这些译本提供了了解他的思想和论点的途径。

图书在版编目（CIP）数据

与塞涅卡共进早餐：斯多葛哲学的人生艺术 /（美）大卫·菲德勒著；谭新木，王蕾译. — 上海：上海社会科学院出版社，2022
ISBN 978-7-5520-3955-9

Ⅰ.①与… Ⅱ.①大… ②谭… ③王… Ⅲ.①塞涅卡（Seneca, Lucius Annaeus 前4—65年）—哲学思想—研究 Ⅳ.① B502.43

中国版本图书馆 CIP 数据核字（2022）第 169573 号

Breakfast with Seneca: A Stoic Guide to the Art of Living
Copyright © 2022 by David Fideler
Text and original translations by David Fideler
First published in 2021 by W. W. NORTON & COMPANY, INC.
Simplified Chinese edition copyright © 2022 Beijing Green Beans Book Co., Ltd.
All rights reserved

上海市版权局著作合同登记号：图字 09-2022-0722 号

与塞涅卡共进早餐：斯多葛哲学的人生艺术

著　　者：［美］大卫·菲德勒
译　　者：谭新木　王　蕾
责任编辑：周　霈
策划编辑：刘红霞
特约编辑：王　宁
装帧设计：主语设计
出版发行：上海社会科学院出版社
　　　　　上海市顺昌路 622 号　邮编 200025
　　　　　电话总机 021-63315947　销售热线 021-53063735
　　　　　http://www.sassp.cn　E-mail: sassp@sassp.cn
印　　刷：北京米乐印刷有限公司
开　　本：787 毫米 ×1092 毫米　1/32
印　　张：10
字　　数：167 千
版　　次：2022 年 11 月第 1 版　2023 年 11 月第 3 次印刷

ISBN 978-7-5520-3955-9/B·325　　　　　　　　　　　定价：52.80 元

版权所有　翻印必究